Éthique, politique, religions

2023 – 1, n° 22

Éthique, politique, religions

L'éthique de l'intelligence artificielle à travers les dispositifs et les pouvoirs

Revue semestrielle éditée par l'Institut
de recherches philosophiques de Lyon (IRPhiL)

Numéro coordonné par Thomas Berns, Marc-Antoine Dilhac,
Eugène Favier-Baron et Thierry Ménissier

PARIS
CLASSIQUES GARNIER
2023

ISBN 978-2-406-15053-4
ISSN 2265-0156

SOMMAIRE

L'ÉTHIQUE DE L'INTELLIGENCE ARTIFICIELLE À TRAVERS LES DISPOSITIFS ET LES POUVOIRS / *THE ETHICS OF ARTIFICIAL INTELLIGENCE FROM THE PERSPECTIVE OF SYSTEMS AND POWER*

VARIA / *VARIA*

L'ÉTHIQUE DE L'INTELLIGENCE ARTIFICIELLE À TRAVERS LES DISPOSITIFS ET LES POUVOIRS

INTRODUCTION

L'éthique de l'intelligence artificielle à travers les dispositifs et les pouvoirs

L'intelligence artificielle (IA) se situe à la confluence de plusieurs logiques dont aucune n'est indépendante du phénomène du pouvoir. En effet, en tant que forme particulière de pensée et d'action sur le monde, l'informatique manifeste le pouvoir de créer des systèmes d'algorithmes. Ceux-ci, une fois déployés dans des programmes variés, agissent sur la société de diverses manières : par exemple, ils créent des *data* utiles pour la connaissance et l'expertise en tous domaines possibles, ou encore ils sont installés dans des dispositifs plus ou moins autonomes, qu'il s'agisse d'agents conversationnels élémentaires ou des robots actuellement les plus sophistiqués. Sur un autre plan, ces différentes manifestations de l'IA sont permises par des organisations privées et publiques (dans les rôles de financeurs, de développeurs et de prescripteurs), qui sont des puissances actives au sein du système de l'innovation traversé par des tensions entre les intérêts économico-financiers variés et les résistances sociales légitimes suscitées par l'imposition de la nouveauté technologique et organisationnelle (Godin, 2015 ; Ménissier, 2021). Enfin, les effets de l'IA se font sentir, de manière directe et indirecte, et parfois très subtile, dans les pratiques courantes des usagers : non seulement elle oriente leurs comportements, mais elle peut aussi participer à leur propre processus de subjectivation, en « veillant » constamment sur eux (Cassou-Noguès, 2022).

Permise par des pouvoirs, l'IA apparaît donc elle-même comme un pouvoir qui agit et permet d'agir sur les conduites individuelles, et qui tend à façonner les comportements collectifs. Ce dossier réunit des autrices et des auteurs pour lesquels une éthique de l'IA digne de ce nom se trouve dans l'obligation de prendre en considération ces phénomènes. Il explore notamment l'hypothèse selon laquelle le respect des valeurs démocratiques, qui doit guider une éthique du savoir informatique et de ses effets, s'assortit nécessairement d'une compréhension socio-économique et d'une approche en termes de pensée politique. Bref, au plus loin de toute forme de minimalisme éthique qui considérerait l'éthique comme applicable et la technique comme neutre et disponible, ce dossier entend mettre en avant des recherches qui partent du principe que le déploiement de l'intelligence artificielle ne peut non seulement se réguler, mais déjà se comprendre que dans une perspective que l'on pourrait qualifier de réaliste. Cette perspective se montre soucieuse d'intégrer tant la dimension des jeux d'acteurs que les conflits axiologiques et les enjeux de pouvoir auxquels donne lieu le déploiement de l'IA. Une telle perspective, par suite, peut être dite plutôt politique qu'éthique, en ce qu'elle assume de discuter des valeurs, aujourd'hui souvent implicites, portées par les parties prenantes du déploiement social de l'IA.

Ce dossier d'articles se donne par conséquent pour premier objectif d'identifier les formes de pouvoir liées à l'IA, en les pensant à partir des dispositifs qui la soutiennent et l'intègrent – par exemple les formes socio-économiques et politiques qui la favorisent –, et de ceux qu'elle engendre par elle-même, depuis sa conception jusqu'à ses implémentations. Ainsi, les sujets abordés par ce dossier d'articles sont notamment les suivants.

Premièrement, il apparaît impossible de considérer que, s'ils sont en partie originaux, les problèmes créés par l'émergence et le déploiement de l'IA sont totalement nouveaux. En effet, il est permis de montrer qu'ils ont été annoncés, voire préfigurés. Par exemple, on pourrait souligner la manière dont l'informatique contemporaine se trouve plus ou moins liée au projet cybernétique, dont on peut au moins dire qu'il a engendré la première vision systématique d'une organisation basée sur la circulation de l'information (Wiener, 2014 ; Triclot, 2008) ; comment, en particulier, le projet de société porté par la cybernétique, induit le modèle d'une société pacifiée, intégralement assistée par des machines automatiques, par exemple *via* la *blockchain* (De Filippi & Wright, 2018), le « *Quantifief self* » (Lupton, 2016) ou l'« Internet des objets » (Howard, 2015) – et parfois à travers ces trois genres de dispositifs à la fois. De sorte qu'afin de mieux comprendre les nouveaux problèmes récemment apparus ou en train d'apparaître, la ressource de l'enquête généalogique est précieuse et se trouve mobilisée dans le dossier d'articles, notamment à travers un minutieux travail sur les expressions récurrentes employées au sein même des mathématiques-informatiques pour construire les dispositifs d'intelligence artificielle et décrire son activité.

Deuxièmement, il convient de souligner le fait que la puissance de calcul, la production et la gestion des *data* doivent déjà être considérées comme des modalités de mise en forme de l'action, tout particulièrement dans le contexte de l'usage de ces technologies par l'État et par conséquent de la possible transformation de l'action publique (Chevallier, 2018 ; Ménissier, 2022). Cette tendance invite les philosophes et les politistes à être vigilants dans leurs descriptions, mais également à inventer de nouvelles conceptualités pour rendre compte des nouvelles situations de pouvoir administratif et politique. Il s'agit alors, compte tenu de la tendance de fond d'une transformation des manières d'agir de la puissance publique sur la longue durée (Berns, 2009 ; Desrosières, 2010 ; Supiot, 2015), de proposer des concepts originaux capables de révéler la réalité afin d'espérer agir sur elle. Comme elle l'a fait tout au long de son histoire face aux nouvelles donnes du pouvoir – religieux, socio-économique, politique –, l'activité philosophique œuvre actuellement à cette tâche, comme on peut le constater avec ces concepts apparus ces dernières années et qui éclairent divers aspects du nouvel environnement social : « *catopticon* » et « sous-veillance » (Ganascia, 2009), « gouvernementalité algorithmique » (Rouvroy & Berns, 2013), « datacratie » (Pouvoirs, 2018) ou encore « algocratie » (Danaher, 2016, 2022).

Troisièmement, il est impossible de passer sous silence l'influence de l'économie digitale sur les comportements dans le cadre du « capitalisme de surveillance » (Zuboff, 2022), à savoir, plus précisément dit, l'effet des systèmes d'IA sur les conduites humaines, par exemple en termes d'influence des plateformes et des applications, tout particulièrement à travers l'effet des algorithmes de recommandation (Konstan & Riedl, 2012 ; Ménard, 2014 ; Beuscart, Coavoux & Maillard, 2019) et des *nudges* (Thaler & Sunstein, 2004), pouvant conduire à l'émergence de formes originales d'assujettissement, tel que le « paternalisme libéral » (Magni-Berton, 2011 ; Orobon, 2013). Il convient également de prêter attention aux transformations de l'interaction humains-machines grâce à une observation attentive des comportements humains de plus en plus assistés par la robotique, anthropomorphe et non-anthropomorphe (Borelle, 2018). Il s'agit ici, en reprenant les termes d'un ouvrage déjà classique en philosophie des techniques, de « comprendre et de concevoir la moralité des choses techniques » (Verbeek, 2011), étant donné l'influence permanente des dispositifs d'intelligence artificielle sur la vie sociale et l'existence des humains.

Chacune de ces trois thématiques induit et même réclame un traitement de nature philosophico-politique : une telle exigence permet en effet d'échapper au solutionnisme technique, tentation qui se déploie habituellement dans ce qui se présente comme l'éthique de l'IA. Il s'agit donc de privilégier un type d'analyse qui se confronte directement aux changements à l'œuvre dans la nature même des normativités et fait d'une telle analyse la condition pour une politique de l'IA. Il apparaitrait même irréaliste de tenter de déterminer les formes d'éthique pertinentes pour réguler l'IA sans décrire les dispositifs et les pouvoirs à l'œuvre dans la conception et le déploiement de cette dernière. Telle est actuellement une des tâches majeures pour l'activité philosophique, certaines tentatives récentes en attestent (Coeckelbergh, 2022 ; Reigeluth & Benlaksira, 2023). Or, un tel traitement philosophique de l'intelligence artificielle peut se déployer dans deux directions, complémentaires, auxquelles nous avons voulu donner place dans ce dossier. D'une part, il s'agit d'inscrire le développement même de l'idée d'intelligence artificielle au sein d'un cadre philosophique et politique plus large qui à la fois en permet la critique et en montre les spécificités. C'est ainsi que dans la première contribution, Eugène Favier-Baron, en soulignant le caractère controversé sur le plan épistémologique de la notion même d'intelligence artificielle, montre qu'elle « dissimule de nombreuses médiations humaines du point de vue de sa conception comme de sa réception ». Or, ce fait, pourtant massif et souvent rendu public par les médias, demeure étrangement masqué aux usagers, tandis que se créée la représentation de l'IA comme une « altérité pure ». Face à un tel paradoxe, une des tâches fondamentales revient à se doter d'une représentation adéquate du nouveau système technique, ce que permet la démarche critique désignant l'IA comme une idéologie hésitant entre « naturalisation » et « objectivation ». Dans la deuxième étude, Marc-Antoine Pencolé contribue à éclairer la situation contemporaine en la référant aux débats qui, tout au long de la seconde moitié du vingtième siècle, ont entouré la notion de « machine à gouverner » issue de la réception française de la pensée cybernétique. Si un minutieux travail de généalogie critique s'impose sur ces conceptualités héritées, c'est parce qu'il offre deux ressources. D'une part, ces débats anciens constituent en partie le cadre mental implicite qui conditionne la réception contemporaine de l'IA ; de l'autre, mises en perspective, les conceptualités héritées fournissent à l'analyse critique et normative des éléments pour penser la nouvelle donne technologique et pour y agir en connaissance de cause.

D'autre part, il s'agit de penser l'intelligence artificielle à partir de certaines de ses modulations, de certains de ses « cas » les plus emblématiques et les plus problématiques. De ce point de vue, nous avons retenu trois angles d'attaque du problème de l'intelligence artificielle.

D'abord, Ambre Davat examine la genèse et les significations variées d'une notion très importante pour l'éthique de l'intelligence artificielle, celle de « biais ». Son analyse révèle que, dans ses usages courants, cette notion renvoie simultanément à plusieurs normativités différentes. De plus, derrière les confusions, l'usage de cette notion véhicule la tentation propre au discours technosolutionniste d'installer la représentation d'une société enfin devenue parfaitement transparente à elle-même à travers sa machinisation intégrale.

Ensuite, dans une enquête de type généalogique, Franck Damour explore une thématique particulièrement riche, celle qui, telle un véritable creuset, a nourri la vision de la société assistée par le système technique de la « blockchain ». Le mouvement états-unien Extropy fait figure de précurseur d'une utopie technologique qu'on a vu réapparaître avec la diffusion des monnaies technologiques dématérialisées (Bitcoin). L'auteur procède à une analyse critique de ce mouvement porté par une idéologie libertarienne supposée émancipatrice, qui conteste la légitimité des institutions et prétend offrir une autre temporalité politique.

Enfin, Grégoire Ben-Aïssa, Thomas Berns et Tyler Reigeluth se sont penchés sur le traitement automatisé des injures non seulement pour en montrer les limites, mais aussi pour indiquer combien celui-ci introduit la perspective d'une normativité concurrente par rapport aux normes juridiques qui habituellement régulent les discours de haine. Sur la base d'une telle confrontation, c'est alors le danger d'une conception du langage appréhendé comme figé dans ses propres répétitions qui se profile, au plus loin de la plasticité du champ discursif.

Thomas BERNS
Université Libre de Bruxelles, Belgique

Marc-Antoine DILHAC
Université de Montréal, Canada

Eugène FAVIER-BARON
Université Grenoble Alpes / IPhiG
Université Libre de Bruxelles

Thierry MÉNISSIER
Université Grenoble Alpes / IPhiG

BIBLIOGRAPHIE

Berns, T. (2009). *Gouverner sans gouverner. Une archéologie politique de la statistique.* Paris : Presses Universitaires de France.

Beuscart, J., Coavoux & S., Maillard, S. (2019). Les algorithmes de recommandation musicale et l'autonomie de l'auditeur : Analyse des écoutes d'un panel d'utilisateurs de streaming. *Réseaux*. 213. p. 17-47. DOI : 10.3917/res.213.0017.

Borelle, C. (2018). Sortir du débat ontologique : Éléments pour une sociologie pragmatique des interactions entre humains et êtres artificiels intelligents. *Réseaux*. 212. p. 207-232. DOI : 10.3917/res.212.0207.

Cassou-Noguès, P. (2022). *La bienveillance des machines. Comment le numérique nous transforme à notre insu*, Paris : Éditions du Seuil.

Chevallier, J. (2018). Vers l'État-plateforme ?. *Revue française d'administration publique*. 167. p. 627-637. DOI : 10.3917/rfap.167.0627.

Coeckelbergh M. (2022). *The Political Philosophy of AI, An Introduction.* Cambridge (UK) & Medford (MA) : Polity Press.

Danaher, J. (2016). The Threat of Algocracy : Reality, Resistance and Accommodation. *Philos. Techol. 29*. p. 245-268. DOI : 10.1007/s13347-015-0211-1.

Danaher, J. (2022). Freedom in an Age of Algocracy. In Vallor, S. (eds.). *The Oxford Handbook of Philosophy of Technology*. New York : Oxford University Press. p. 250-272.

Desrosières, A. (2010). *La politique des grands nombres. Histoire de la raison statistique*. Paris : Éditions de La Découverte.

De Filippi, P. & Wright, A. (2018). *Blockchain and the Law. The Rule of Code*, Harvard : Harvard University Press.

Garapon, A. & Lassègue, J. (2018). *Justice digitale. Révolution graphique et rupture anthropologique*. Paris : PUF.

Ganascia, J.-G. (2009). *Voir et pouvoir : qui nous surveille ?* Paris : Éditions du Pommier.

Godin, B. (2015). *Innovation contested : The idea of innovation over the centuries.* New York : Routledge.

Howard, P.N. (2015). *Pax Technica : How the Internet of Things May Set Us Free or Lock Us Up.* Londres : Yale University Press.

Konstan, J.A., Riedl, J. (2012). Recommender systems : from algorithms to user experience. *User Model User-Adap Inter.* 22. p. 101–123. DOI : 10.1007/s11257-011-9112-x.

Lupton, D. (2016). *The Quantified Self. A Sociology of Self-Tracking.* Cambridge (UK) & Malden (Ma) : Polity Press.

Magni-Berton, R. (2011). Care, paternalisme et vertu dans une perspective libérale. *Raisons politiques.* 44. 139-161. DOI : 10.3917/rai.044.0139.

Ménard, M. (2014). Systèmes de recommandation de biens culturels. Vers une production de conformité ?. *Les cahiers du numérique.* 10. p. 69-94. DOI : 10.3166/lcn.10.1.69-94.

Ménissier, T. (2021). *Innovations. Une enquête philosophique.* Paris : Éditions Hermann.

Ménissier, T. (2022). Jusqu'où l'institution peut-elle être augmentée ? Pour une éthique publique de l'IA. *Quaderni* [En ligne]. 105. Hiver 2021-2022. p. 73-88. DOI : 10.4000/quaderni.2234.

Orobon, F. (2013). Le « paternalisme libéral », oxymore ou avenir de l'État-providence ?. *Esprit.* p. 16-29. DOI : 10.3917/espri.1307.0016.

Pickering, A. (2019). Techniques de l'engagement : la cybernétique et l'*Internet of Things. Zilsel.* 5. p. 208-225. DOI : 10.3917/zil.005.0208.

Pouvoirs (2018). Revue *Pouvoirs*, n° 164. « La Datacratie ».

Reigeluth T., Benlaksira, S. (dir.) (2023). *Intelligence artificielle. Que faire de la transparence technique ?* Librairie Philosophique J. Vrin.

Rouvroy, A. & Berns, T. (2013). Gouvernementalité algorithmique et perspectives d'émancipation : Le disparate comme condition d'individuation par la relation ?. *Réseaux.* 177. p. 163-196. DOI : 10.3917/res.177.0163.

Supiot, A. (2015). *La gouvernance par les nombres*. Paris : Fayard.

Thaler, R.-H. & Sunstein, C. R. (2008). *Nudge : Improving decisions about health, wealth, and happiness.* New Haven : Yale University Press.

Triclot, M. (2008). *Le moment cybernétique : la constitution de la notion d'information.* Seyssel : Champ Vallon.

Vayre, J. & Cochoy, F. (2019). L'intelligence artificielle des marchés : comment les systèmes de recommandation modélisent et mobilisent les consommateurs. *Les études sociales.* 169. p. 177-201. DOI : 10.3917/etsoc.169.0177.

Verbeek, P.-P. (2011). *Moralizing Technology. Understanding and designing the morality of things.* Chicago : University of Chicago Press.

West, D. (2005). *Digital Government : Technology and Public Sector Performance.* Princeton (New Jersey) : Princeton University Press.

Wiener, N. (2014). *Cybernétique et société. L'usage humain des êtres humains.* (1954). Trad. P.-Y. Mistoulon & R. Le Roux. Présentation R. Le Roux. Paris : Éditions du Seuil.

Zuboff, S. (2022). *L'âge du capitalisme de surveillance : le combat pour un avenir humain face aux nouvelles frontières du pouvoir.* (2019). Trad. B. Fomentelli & A.-S. Homassel. Paris & Veules-les-Roses, Éditions Zulma.

L'INTELLIGENCE ARTIFICIELLE ENTRE NATURALISATION ET ARTIFICIALISATION

De l'illusion structurelle à l'idéologie[1] ?

L'Intelligence Artificielle est un logiciel ou système basé sur une machine et développé en vue d'un ensemble d'objectifs (contenus, prédictions, recommandations) définis par l'homme. Ces « technologies de traitement de l'information » se déclinent en modèles et algorithmes dotés d'une « capacité d'apprentissage et d'exécution de tâches cognitives » (Meneceur, 2021, p. 16). La question de la nature du pouvoir de ces Intelligences Artificielles se pose parce qu'elles se situent au cœur d'un enchevêtrement de significations très contrastées, qui vont de l'anxiété dystopique au « solutionnisme » technologique le plus béat. Deux attitudes qui pourtant portent sur un objet censé contourner les affres de la représentation humaine. Un des facteurs expliquant cette situation est sans doute le fait que les méthodes d'apprentissage automatique que sont l'apprentissage machine puis l'apprentissage profond sont des méthodes de calcul et de modélisation d'un haut degré d'abstraction, qui pourtant se retrouvent à jouer un rôle en prise étroite avec des instances décisionnelles au sein de domaines clés de la vie humaine, ce qui en font aussi de fait des objets mal identifiés. Les IA sont rendues à la fois omniprésentes par leur déploiement, dans le discours comme dans la pratique, alors même qu'elles sont difficilement appréhendables de par leur nature. Cela crée un besoin de représentation pour les utilisateurs, qui prend souvent la forme du robot humanoïde, car il s'agit littéralement de donner corps à des abstractions. En effet, cette nature discrète d'objets voués à régir des pans très concrets de notre réalité autorise voire appelle à un surgissement métaphorique compensatoire. Les IA se

1 Cet article est le fruit du travail scientifique qui est mené dans le cadre de la chaire « éthique & IA » soutenue par l'institut pluridisciplinaire en intelligence artificielle MIAI@Grenoble Alpes (ANR-19-P3IA-0003).

soustraient à une expérience sensible qu'elles sont pourtant employées à régir en partie tel des architectes invisibles, tant le numérique environne aujourd'hui le quotidien des individus.

Ce déficit représentationnel est largement identifié par les artisans de ce qui fera l'identité publicitaire et journalistique de l'Intelligence Artificielle qui façonne le sens commun et l'imaginaire alimentant la perception dominante de l'IA. S'il apparaît évident que les dispositifs de captation et de traitement des données alimentant le travail de l'Intelligence Artificielle sont traversés de relations de pouvoirs, il est plus difficile de comprendre comment ce pouvoir se manifeste. Il en ressort une tendance populaire de prêter à l'IA une forme d'autonomie selon une projection anthropomorphique nourrie à l'imaginaire de science-fiction. Le terme d'Intelligence Artificielle qui est d'ailleurs loin de faire consensus autant dans ce qu'il désigne que dans sa pertinence même, se retrouve pourtant projeté en label marketing auquel on prête des propriétés quasi-magiques. Ce phénomène achève d'occulter toute la dimension laborieuse et humaine que souligne notamment Antonio Casilli par ses travaux sur le Mechanical Turk d'Amazon (Casilli, 2019). Nous le verrons, cela soulève un enjeu majeur qui est la question de la « naturalisation » de l'IA. L'Intelligence Artificielle semble aussi bien faire l'objet d'un réenchantement opéré par le traitement médiatique et publicitaire en prise avec un objet technique qui s'offre difficilement aux sens (F. Martin-Juchat, 2014), en même temps qu'une objectivation de son rendu par les pourvoyeurs de solutions algorithmiques. Ce dernier phénomène passe par un oubli de la dimension représentative du prisme algorithmique ainsi que par une négation de sa généalogie intellectuelle et technique comme le rappelle Jean-Pierre Dupuy à propos de l'héritage cybernétique refoulé du programme d'Intelligence Artificielle, thématique qu'il est nécessaire d'évoquer (Dupuy, 1994).

L'affaire se complique davantage en sachant qu'on ne peut pas non plus se satisfaire de l'attitude symétrique visant à faire de l'Intelligence Artificielle ni plus ni moins qu'un outil de calcul neutre et apolitique, au service du dessein de l'humain. Ce n'est pas seulement le fait que désigner l'apprentissage automatique dans sa dimension exclusivement technique néglige l'usage politique, industriel ou instrumental qui en est fait, mais que cette dimension technique n'est jamais exclusivement technique, ou plutôt, que la technique est éminemment politique, sociale, culturelle, représentative, humaine. Il ne s'agit pas uniquement de mettre en lumière le travail et les choix de design des développeurs d'IA, mais la présence humaine massive et constante pour entraîner les algorithmes apprenants ainsi que les formes d'usages imprévus par le déploiement de l'IA dans le monde du travail qui offre des détournements ou des réappropriations. Ces résistances sont difficiles à anticiper tant ils sont le produit de luttes socio-professionnelles et identitaires éparses (Nojon, Marrel, 2015). Loin des projections apocalyptiques de la prospective industrielle, il semble que le déploiement de l'IA dans le monde du travail comme dans celui de l'art, joue un rôle de recomposition bien plus que de substitution.

L'action de l'IA ne s'épuise pas non plus dans son instrumentalité et fait preuve d'une discursivité propre au sens de formats ou architectures informatiques qui font office de normes de circulation ou d'opacification des flux d'information. Nous pouvons à ce titre mentionner les effets indirects et penser aux implications sociales profondes que suscitent par exemple les algorithmes de modération ou de recommandation (le fameux phénomène de la « bulle cognitive » qui nous confine dans des espaces informationnels entretenant nos croyances de façon redondante) ou la façon dont les objets connectés de télémédecine façonnent un espace domestique en un espace médicalisé et prescriptif. C'est pourquoi Karen Yeung insiste par exemple sur la fonction régulatrice du design (designed-based regulation) des objets techniques en général, et particulièrement de l'IA (Yeung, 2014). Il apparaît de moins en moins légitime de faire reposer la définition d'une fonction régulatrice du design sur une intentionnalité constante, précise et soutenue en vue d'altérer le comportement d'un utilisateur dans le cas de l'IA. En effet, les algorithmes intelligents permettent d'automatiser des formes de régulation et des contraintes auto-exécutoires. Ceux-ci permettent de générer des comportements imprévus, de faire l'objet de réappropriations ou encore d'automatiser des conduites suivant un « script » (Akrich, Callon, Latour, 2006, p. 165) venant qualifier l'intériorisation par les individus de la nature contraignante de certains dispositifs auxquels ils sont exposés quotidiennement[2]. Si cette dernière fonction précède

2 Ainsi, la connaissance théorique comme l'exposition répétée d'un automobiliste à la contrainte que pose un ralentisseur sur sa conduite se convertira progressivement en un « script » (« il faut ralentir ») sans que cette information soit distillée de manière explicite ni systématique.

de loin l'émergence de l'IA, le caractère novateur de celle-ci est qu'elle permet d'influencer le comportement non pas d'un utilisateur mais d'une population entière au sein d'un espace géographique très dispersé. Ces données sont collectées et analysées en temps réel en vue de prédire et d'agir de façon préemptive sur les actions et décisions à des échelles individuelles et populationnelles.

La question de l'intentionnalité des objets techniques se pose singulièrement dans le cas d'un artefact auquel on prête des qualités humaines, voire surhumaines. Non seulement est-ce la question de l'intentionnalité propre de l'IA en tant que dispositif, mais aussi de celle de ses concepteurs, au risque de les confondre ; les utilisateurs sont-ils contraints par des architectures informatiques au fonctionnement et à l'agentivité opaque ? Les algorithmes intelligents sont-ils des vecteurs purs des desseins commerciaux des Big techs ou des velléités politiques d'États puissants, qui semblent aujourd'hui être les seuls à contrôler de façon souveraine ces flux d'informations ? Font-ils l'objet de réappropriations en tant qu'outils par des utilisateurs, activistes ou artistes ? La normativité des algorithmes auto-apprenants ne semble se réduire ni à leur composition technique, ni à leur émanation institutionnelle ou industrielle, de sorte qu'il est difficile d'attribuer une intentionnalité causale à son exercice. Ce malaise, notamment pour les tenants des sciences sociales à caractériser l'IA en donne un usage quasi-métonymique pour désigner un ensemble sociotechnique qui excède la définition purement mathématique ou d'ingénierie[3]. L'IA recoupe alors à la fois les réseaux informatiques dans lesquels s'insèrent ces algorithmes, les personnes qui conçoivent ou exploitent les données, et les institutions ou entreprises qui fournissent ces services et font autorité pour la production de connaissances en la matière. Sur ce dernier point, la norme juridique du côté de l'OCDE et désormais de la Commission européenne semble être de distinguer l'IA comme un système plutôt qu'un objet isolé, ce qui permet d'encadrer un périmètre de mécanismes et composants qui

3 Si l'Intelligence Artificielle est déjà un objet technique complexe, son traitement du point de vue des sciences humaines le rend sans doute encore plus insaisissable tant l'IA est déployée dans un environnement traversé de rouages économiques, marketing, culturels, de rapports de forces politiques et géostratégiques faisant intervenir des décideurs politiques, industriels, étant conçu par des ingénieurs, entretenu par des tâcherons ou des experts (*data analyst*, *machine learning engineer*, *data miners*, etc.) et exploité par les utilisateurs selon des modalités surprenantes.

participent à l'activité de l'IA pour éviter toute forme d'essentialisation (Meneceur, 2021, p. 3).

Par essentialisation de l'IA, nous entendons l'idée à la fois d'une projection anthropomorphique et fétichiste[4] qui tend à concentrer le phénomène d'Intelligence Artificielle en un unique point focal, centralisé dans le cerveau humain. Cette représentation d'une sorte de point névralgique qui concentrerait toute l'intelligence de l'homme est un héritage du dualisme qui a une fonction de sanctuarisation voire de sacralisation. Cette formalisation de l'activité neuronale hors de son substrat organique selon une approche « top-down » est à l'œuvre dans l'approche de l'IA symbolique notamment chez Jerry Fodor (1972), pour qui des modules spécialisés existent pour chaque type de fonctions du cerveau. Ce type de fonctionnalisme n'est pas nécessairement un matérialisme, dans le sens où si la pensée s'appuie bien sur un substrat matériel, on peut, selon Hillary Putnam (1975), l'étudier sans ce support. Une même idée peut être exprimée sur des supports divers. Cette scission entre « software » et « hardware » fait naître un risque d'abstraction d'un niveau de formalisme logique que l'on croirait déceler dans l'activité neuronale, en dehors de contraintes biologiques. Cette crainte se voit certes nuancée par l'apparition des paradigmes connexionnistes[5] puis de la cognition incarnée issue des travaux de Francisco Varela. Mais l'approche connexionniste présente en retour le risque de réduire le caractère social et interactionnel de l'intelligence à l'activité neuronale, aussi puissante et complexe soit-elle, tout en gardant les opérations localisées exclusivement au niveau du cerveau. Il faut attendre les systèmes dynamiques incarnés pour avoir une référence au corps.

Une tension persiste au sein de l'exploitation industrielle des Intelligences Artificielles, entre la création d'un outil qui abstrait des fonctions cognitives décuplées, répliquées, et la création d'une véritable « *strong AI* ». Soit une hésitation entre la création d'un outil performant du point de vue calculatoire, et celle d'un « bon être humain » au sens

4 Employé ici au sens de Marx, c'est-à-dire d'une dissimulation du processus de création de valeur marchande (novatrice ?) qui se voit alors attribué à l'objet même (Marx, 1980, p. 93). Ici, l'IA se voit directement et abusivement attribué des qualités humaines, en dépit des médiations humaines nécessaires à son élaboration.

5 Le connexionnisme se propose de retranscrire les états et processus mentaux en s'inspirant de l'activité des réseaux neuronaux qui sont artificiellement répliqués pour traiter de l'information.

normatif du terme, c'est-à-dire d'une machine intelligence qui s'intégrerait au sein de notre système de valeurs. Cette dernière option nécessite de se confronter à la question de la conscience, des représentations, des normes sociales (etc.) et d'aller au-delà du champ de compétences auxquels sont assignés les sciences cognitives. En l'état, la majorité des IA déployées encore de nos jours sont des IA dites de type « faible », par rapport à un imaginaire publicitaire et trivial lui pourtant dominé par une image d'IA « forte ». En fait, plutôt que d'incarner la figure du robot humanoïde et autonome couvrant tous les champs caractéristiques de l'intelligence humaine, l'essentiel de l'IA concerne l'automatisation de tâches précises, l'exécution ou auto-exécution de fonctionnalités non seulement segmentées mais idéalisées par rapport à la qualité organique et incarnée de leur modèle humain. En effet, au-delà de sa formalisation, l'activité cognitive se conçoit sur le plan physiologique comme le produit d'une interaction avec son substrat organique, comme le conçoit l'approche dite de la « cognition incarnée (*embodied cognition*) » (Wilson, Foglia, 2011), que le caractère exosomatique de l'IA tend à faire oublier. De là, ce travail tentera de montrer que l'IA n'est pas une imitation de l'intelligence humaine au sens neurophysique, ni totalement neurologique puisque les réseaux de neurones représentent une version simplifiée des opérations logiques de notre cerveau. En conséquence, l'IA se distingue plutôt comme une voie alternative qui emprunte certaines caractéristiques idéalisées que l'on suppose appartenir à l'intelligence humaine, pour justement excéder son cadre.

Par ailleurs, les algorithmes intelligents se forment sur des bases de données élaborées selon une micro-division du travail cognitif incarnée par des centaines de milliers de tâcherons, un artifice qui n'est pas souvent mis en avant par les plateformes propriétaires de solutions algorithmiques qui sur ce point font régner l'opacité du secret industriel, préférant entretenir l'idée d'une IA forte. L'Intelligence Artificielle diffère de son « modèle » non seulement de par son environnement interne soit la différence entre neurones formels et neurones réels mais aussi par son environnement externe en dépendant de facteurs extrinsèques comme nous le verrons avec l'expérience soviétique autour de l'IA.

Cet article a pour ambition de montrer que, dans ce qui n'est encore qu'un programme scientifique, se loge une ambiguïté de départ dans l'Intelligence Artificielle, entre projet théorique et instrument de calcul.

Cette tension enfle à l'aune des progrès de l'IA ; le projet d'explication et de réplication d'une intelligence humaine laisse progressivement place à celui d'implémentation et d'amélioration de fonctionnalités isolées et idéels de la cognition. Voire même, à l'obtention de résultat par des voies alternatives dont on ne cherche plus à détenir la causalité mais au contraire à l'atténuer au profit de la corrélation statistique (de l'« *output* »), pour obtenir un donné brut. Enfin, cet article proposera l'hypothèse que nous avons affaire ici à une forme de présentisme et de naturalisation qui est idéologique[6] par rapport à la réalité des conditions matérielles, humaines, de production et de fonctionnement de l'IA. Nous mobilisons ici l'idée de naturalisation dans le sens d'un artefact auquel nous aurions recours tacitement, comme s'il s'agissait d'une évidence, au moyen d'un oubli de sa genèse ainsi que de ses conductions de production.

L'INTELLIGENCE ARTIFICIELLE : IMITER POUR EXPLIQUER OU POUR SURPASSER ?

Le programme d'Intelligence Artificielle telle qu'il est issu de la Conférence de Dartmouth en 1956 suppose de répondre à la question qui est la suivante : comment, dans un monde matériel, peut émerger quelque chose comme une pensée, une intentionnalité, des phénomènes mentaux ? De la même façon, les sciences cognitives et la philosophie de l'esprit qui naissent dans le courant des années 1950 en parallèle du programme d'Intelligence Artificielle, ont pour objet de rendre compte en des termes physicalistes et fonctionnalistes des états mentaux, représentationnels et de l'émergence de la conscience. Or l'Intelligence Artificielle se donne pour but de produire ce saut qualitatif depuis un substrat matériel. L'IA n'est d'abord qu'un programme interdisciplinaire, au sein duquel la technique occupe un rôle de modélisation, celui d'expliquer le miracle de l'intelligence humaine sur des bases à la fois matérielles (robotique), logiques (ordinateurs et IA symbolique) et biologiques (neurones et IA

6 Nous employons le terme dans le sens où l'IA est à la fois produit et facteur idéologique, c'est-à-dire dépositaire actif d'un système de croyance et d'une doctrine philosophico-politique.

connexionniste) même si la dimension biologique n'intervient que dans un sens formel. Il ne s'agit pas encore de concevoir l'IA comme un substitut ni un suppléant à la cognition humaine. Simplement, il convenait suivant le précepte de Giambattista Vico qui est que l''être humain ne connaît que ce dont il est la cause (Vico, 1987), de recréer artificiellement des processus auxquels les individus conféraient autrefois des origines divines ou naturelles. Et les sciences cognitives, co-constitutives des avancées de l'IA, tirent la légitimité du projet de naturalisation de l'esprit en ce qu'elles modélisent des fonctionnalités de la cognition humaine. L'IA et les sciences cognitives se fondent sur l'abstraction d'un support biologique, de relations logiques, fonctionnelles, organisatrices de la faculté de connaître, dont aussi celle de simuler. Il convient dès lors de prendre pour modèle une schématisation et donc toujours une dégradation du « réel » plutôt que d'imiter ce réel immédiatement. La simulation cognitive requiert un degré d'enchâssement supplémentaire car il s'agit alors de modéliser la faculté à modéliser. Cet éloignement au carré du modèle « naturel » que représente l'intelligence humaine présente le risque d'oublier qu'il ne s'agit là que de l'idéalisation de certains processus cognitifs.

Ainsi, la formalisation des processus mentaux pour rendre la cognition humaine plus saisissable à la fois au sens de son appréhension comme au sens propre de sa manipulation, fait retomber l'IA dans une forme de dualisme en opérant une scission à la fois conceptuelle et empirique de l'esprit et du cerveau. C'est même la condition de la reproduction et de la portabilité des activités cognitives humaines. L'IA glisse alors d'un projet théorique à un projet pratique d'une ambition de résultats dans une hésitation et une tension constante entre ces deux vocations, du fait de l'ambiguïté même du passage d'un modèle scientifique à un modèle usuel (Dupuy, 1994). En effet, on passe d'une imitation du réel en science, à une imitation du modèle au sens ordinaire du terme. Les analogies d'humain-machine, humain-ordinateur et même humain-réseau neuronal[7] déplacent le centre d'attention vers une version idéalisée et toujours plus pure dans sa maniabilité des processus cognitifs. Ces analogies ont aussi pour conséquence d'éloigner ces processus de leurs substrat organique ou protéinique.

7 Puisqu'il ne s'agit pas d'imiter le neurone dans son incarnation organique mais de dégager ou d'abstraire une forme d'organisation du système nerveux, laissant de côté certains attributs jugés moins nécessaires au fonctionnement des neurones.

Le premier réseau neuronal émet l'hypothèse qu'il est possible de formaliser les opérations booléennes « And », « Or » et « Not », par le fonctionnement numérique du neurone qui se déclenche selon un système de seuil au-delà duquel celui-ci opère une « mise à feu » (McCulloch & Pitts, 1943, p. 102). Von Neumann a objecté que ce neurone « formel » ainsi obtenu par idéalisation logique ne faisait pas cas des limitations intrinsèques et organiques comme le temps de récupération nécessaire à la cellule neuronale dont la fatigue limite la mise à feu répétée. En outre, ces opérations représentent des simplifications qui écartent d'autres éléments non-numériques pourtant ancrés dans les matériaux biologiques et dans la chimie des cellules. L'argument de Von Neumann est dirigé contre le fonctionnalisme de McCulloch & Pitts : prouver qu'un modèle fonctionne, c'est-à-dire, abstraire une fonctionnalité cognitive en montrant qu'elle peut se réaliser dans une machine logique, n'implique pas que ce modèle soit conforme ou fidèle à la réalité du fonctionnement neuronal. Le cerveau et le réseau de neurone formel peuvent afficher deux résultats identiques sans que le processus employé soit identique, le corrélat obtenu ne renseigne en rien sur une quelconque identité causale.

Von Neumann a souvent comparé le fonctionnement du cerveau et de l'ordinateur (1999) en pointant les différences entre le fonctionnement séquentiel de l'ordinateur qui permet d'isoler une réalité logique abstraite sans expérience et sans se disperser, chaque tâche étant dépendante de la précédente, tandis que le cerveau humain calcule de manière simultanée. Cette focalisation sur la seule partie « visible » ou intelligible de l'action du neurone, la mise à feu, ne représente qu'une partie d'un comportement aux ramifications complexes. Il ne s'agit pour ainsi dire que d'une focalisation sur la partie « software » émergée, sans voir ce qui se joue dans l'agencement du support physique qui détermine pourtant cette mise à feu. Le signal ou symbole qui apparaît au-delà d'un certain seuil est pris pour la règle a priori alors qu'elle n'est qu'un résultat lacunaire, temporaire, qui n'existe pas en soi ; et notre logique symbolique n'est rendue possible que sur la base d'un autre type de logique. Cette méthode axiomatique (top-down) fait du neurone formel une version simplifiée du neurone réel en sélectionnant des caractéristiques arbitraires comme le fait de réduire l'activité neuronale à des impulsions électriques, ne permet pas d'ajuster ce modèle à partir de données neurophysiologiques. Si l'approche « bottom-up » du connexionnisme satisfait mieux les objections de Von Neumann, elle persiste à réduire les dimensions socio-culturelles de l'intelligence à un saut de complexité dans l'activité neuronale et ne résiste pas à l'examen d'une critique de type externaliste.

En effet, pour sortir de ce biais internaliste porté par les approches cognitivistes et connexionnistes, il faut en revenir à un modèle alternatif de l'IA telle qu'elle a pu se développer en Occident. Selon Ksenia Ermoshina et sous l'influence du matérialisme dialectique, le modèle soviétique de l'IA voyait en son concurrent occidental la manifestation d'une ontologie de l'individualisme méthodologique suivant un modèle de l'agent décisionnel. Là où les soviétiques, eux, misaient pour leur part l'accent sur une dimension davantage compréhensive et interactionnelle de l'intelligence. l'IA ne saurait être un agent autonome ni une entité capable de penser par elle-même pour les soviétiques qui réfutaient l'analogie entre cerveau et ordinateur pour deux raisons. Premièrement du fait que les Intelligences Artificielles ne se montreraient jamais capables de produire de nouveaux concepts mais seulement des patterns, distinguant l'acte créatif, du simple calcul. Puis pour la raison que l'intelligence humaine s'observait selon la doctrine soviétique en IA comme l'expression d'une nature sociale de l'homme, non engendrée en dernier lieu par des interactions physico-chimiques ni des inférences logiques. Pour les soviétiques, les IA capables d'accomplir certaines fonctions cognitives sont construites dans l'idée d'assister les humains et non de manifester une quelconque autonomie.

La production d'agents autonomes pose des problématiques de gouvernance des affaires publiques notamment liées à la normativité, la légitimité ou la finalité de l'action publique en redéfinissant ou réduisant des objectifs aux dimensions socio-politiques, à des problèmes d'optimisation appelant à une réponse exclusivement technique. En réalité, cette dernière critique rejoint celle de Von Neumann en ce que l'agent décisionnel qui émerge avec l'IA est, pour rejoindre la formule de Dupuy : « à l'homme complet ce que le neurone formel est au neurone réel » (Dupuy, 1994, p. 56).

Cependant, ces considérations sur ce qui fait la nature ou l'émergence de l'intelligence de l'homme ne sont peut-être plus l'enjeu ou le principal enjeu de l'Intelligence Artificielle, a fortiori avec l'apparition de l'apprentissage profond et de l'IA connexionniste. Après tout, l'échec soviétique à faire une IA située ou une conception socialisée de l'apprentissage machine tend à établir que l'IA n'est plus, si elle ne l'a jamais été, une façon d'imiter l'homme. Que ce soit pour une visée mécaniste individualisée ou une vision plus holistique de l'intelligence, l'analogie humain-machine est-elle toujours centrale ? L'efficacité décuplée des IA dans la dernière décennie vient justement du fait qu'elles n'imitent pas ou plus totalement le raisonnement humain. Mais cette donnée vient également préciser et limiter le champ d'application de l'IA pourtant toujours brandie comme le projet d'une intelligence générale comparable à celle de l'homme. Il s'agit plutôt d'abstraire une fonctionnalité cognitive présumée comme celle de la reconnaissance faciale, dans le but d'exécuter une tâche précise qui se voit détachée, automatisée voire amplifiée par rapport aux capacités humaines. De la même façon qu'un outil isole, extériorise en même temps qu'il prolonge une fonction du corps humain. Il est même probable que le réseau de neurone formel et ce dès son apparition avec McCulloch & Pitts correspondait surtout à une volonté d'abstraire une fonction d'un réseau neuronal qu'il était possible de modéliser puis d'implémenter justement pour contourner les limites organiques de la cognition humaine. Même s'il existe toujours une volonté de compréhension du fonctionnement humain et du mystère de la conscience, le succès réel de l'IA a été l'automatisation de certaines fonctionnalités qui sont aujourd'hui exécutées de façon plus performante pour une tâche précise que chez l'humain. En réalité le terme « Intelligence Alternative » sied sans doute mieux à ce que représente aujourd'hui à la fois le rôle et les performances de l'IA dans nos sociétés, qui souffre comme nous l'avons vu d'un flou définitionnel, d'un défaut de caractérisation et de cohérence.

Certes, le connexionnisme réémerge dans les années 1980 au profit d'une critique du traitement séquentiel de l'information symbolique qui tranchait avec la simultanéité de l'intelligence humaine. Mais le succès du paradigme connexionniste et des réseaux neuronaux a abouti à une simultanéité qui dépasse en bien des aspects la cognition humaine, de sorte que l'enjeu majeur ne semble plus de reproduire l'intelligence humaine sinon sur le mode de la performance et de la rapidité seule. Le modèle de l'intelligence humaine n'a été invoqué qu'en vertu d'un fossé quantitatif et calculatoire avec l'IA. Cela laisse en suspens la question de la compatibilité de l'IA avec l'environnement normatif fabriqué par l'être humain.

Or, s'il demeure bien une modalité selon laquelle l'analogie humain-machine algorithmique reste pertinente, c'est autour de la question de l'aliénation et de la position que doivent occuper les algorithmes dans l'édifice social. Il reste à penser leur articulation dans la nouvelle forme d'organisation socio-économique qu'est la plateformisation de la société ou à cette ère tantôt qualifiée de « gouvernementalité algorithmique » (Berns & Rouvroy, 2013), « algocracie » (Danaher, 2016) ou encore « régulation algorithmique » (O'Reilly, 2013)[8]. Nous atteignons l'antinomie entre l'attente parfois paradoxale et démesurée que l'on place dans ces instruments de calcul. Il est attendu des IA à la fois un moyen de s'extraire des limitations cognitives humaines[9], tout en exigeant à la fois que la machine fasse preuve d'humanité puisqu'on redoute sa froide intrusion dans les domaines humains qui fonctionnent selon des codes non moins humains. Il y a ce besoin de reconstituer au sein de ce milieu algorithmique un point de référence à la nature humaine. Or, on constate pour le moment que les « biais humains » ne sont remplacés que par des « biais algorithmiques » d'où une confusion entre exigence de rationalité d'une part, et conformité à un ordre socio-moral de l'autre. Cette aporie dualiste ne saurait selon nous se résoudre par l'idée émergentiste que de la simple puissance de calcul va surgir une intelligence globale, sociale, empathique (etc.) car cette conception résorbe les enjeux culturels et politique de l'intelligence.

8 Le traitement algorithmique ressurgit dans nos rapports au réel en ce qu'il confère un privilège attentionnel à des éléments calculables et déclinables en pourcentages ou en probabilités. Ce découpage du réel en schèmes comportementaux semble bien porter la marque d'un pouvoir sur le champ informationnel des individus, que certains ont choisis d'appeler "régulation algorithmique" (O'Reilly, 2010). Cette régulation algorithmique passe aussi bien par les artefacts connectés qui régulent notre activité quotidienne et surveillent notre condition physique que par des systèmes algorithmiques s'adressant à des groupes d'individus pour en modifier le comportement, par exemple dans le cas des plateformes de covoiturage. En cela les algorithmes diffusent un « mode de régulation par le *design* » façonnant l'architecture informationnelle des individus. Il s'agit donc d'un pouvoir relationnel, qui s'exerce sur des relations (métadonnées) plutôt que sur les individus même qui sont réaffectés selon des probabilités d'actions ou des catégories qui les débordent et les traversent comme l'ont montré A. Rouvroy et T. Berns évoquant l'existence d'une « gouvernementalité algorithmique ».

9 En plein moment de légitimation institutionnelle des sciences comportementales qui déchoient l'intelligence humaine de son piédestal ; le Prix de la Banque de Suède en sciences économiques en mémoire d'Alfred Nobel a été décerné dans les dernières décennies à des penseurs de l'économie comportementale comme Herbert Simon, Daniel Kahneman, Richard Thaler ou encore Esther Duflo.

INTELLIGENCE ARTIFICIELLE TROP ARTIFICIELLE ?

L'entreprise de naturalisation entamée par la philosophie de l'esprit et les sciences cognitives, qui entend expliquer l'émergence de la conscience et de l'intentionnalité en des termes physicalistes, est congruente de l'élaboration de l'Intelligence Artificielle. Si bien qu'on en vient parfois à se demander si l'intelligence humaine est toujours le modèle de l'Intelligence Artificielle ou s'il n'y a pas une récursivité voire un renversement à l'œuvre. L'Intelligence Artificielle au sens fort du projet initié par la Conférence de Dartmouth se définissait comme l'idée que l'intelligence humaine puisse être formalisée de façon à ce qu'une machine en reproduise les facultés cognitives, au risque de simplifier, pour rendre formalisable, la complexité de la cognition humaine. Au sens épistémologique du terme, il est tout à fait possible d'affirmer que McCulloch et a fortiori l'IA connexionniste inspirée du Perceptron de Rosenblatt, ne prétendent pas reconstituer l'intelligence humaine dans toute sa subtilité mais d'en instrumentaliser certaines capacités cognitives identifiées pour les rendre reproduisibles, automatisables, ou encore les augmenter. Les algorithmes d'apprentissage profonds sont même d'autant plus performants dans la tâche qu'on leur assigne, qu'ils n'imitent pas le raisonnement humain, jugé déficient. En revanche, le déploiement systématique de tels instruments risque d'élever en valeurs cardinales de ce que doit être l'intelligence, des pans réducteurs de l'activité cognitive humaine. La systématisation des « bots », ces IA « faibles » mais capables de fonctionner à toute heure de la journée, risque de subordonner le travail en général à cette logique de machine « autonome » jusqu'à ce que le travail humain soit rendu obsolète.

Nous ne souscrivons pas au mythe de l'extinction du travail humain par les machines, qui sont en réalité encore très dépendantes du travail humain, les algorithmes d'apprentissage automatique étant également réalisés par des assistants cachés des machines comme nous allons le voir. En revanche, la performativité d'un modèle idéalisé du système neuronal risque d'influencer en retour notre conception de l'intelligence et de se poser en nature. Cette tentative de légitimation qui consiste à faire disparaître le plus possible les conditions de production et d'émergence de l'IA, pour en faire un objet autonome, écarte toute forme de transcendance et se heurte au même paradoxe lié à l'ambiguïté de départ du projet d'Intelligence Artificielle. En effet, il s'agit d'un projet à la fois théorique d'explication du phénomène d'intelligence qui recouvre également une exigence de résultats ; son histoire étant traversée par cette tension. Or il est demandé à l'Intelligence Artificielle de faire mieux que le sujet humain embourbé dans ses représentations et à la fois d'offrir un visage assez empathique pour s'intégrer dans le cœur de nos sociétés sans s'aliéner l'homme. Il n'est plus question de reproduire une intelligence humaine jugée limitée. Plutôt il s'agit d'extraire certaines caractéristiques cognitives qu'on valorise sur un plan logistique, industriel, calculatoire (etc.) afin de contourner la cognition humaine dans ce qu'elle a justement de représentationnel ou de située à la fois dans son substrat biologique limitant, et dans son prisme socio-affectif biaisant. Ainsi, dans une forme d'émergentisme qui suppose un saut qualitatif par la seule puissance du calcul, les IA sont de plus en plus affectées à des affaires très humaines comme celles de la justice ou de l'action publique.

Pourtant, le phénomène dit de « biais algorithmiques » révèle un développement de l'Intelligence Artificielle criblé de médiations où « l'erreur » peut intervenir à bien des étapes de la conception. En effet celles-ci dépendent de la collecte de données, à l'étalonnage, au filtrage, à l'interprétation de données, au choix et à la conception de la technique algorithmique employée, ainsi qu'à l'interprétation de ses résultats et autant de processus éminemment humains (Boyd & Crawford, 2012). Pensons à ChatGPT-3 qui, par le passé, a pu démontrer une propension à véhiculer des propos violents, racistes et sexistes, et dont la base de données à dû subir un « nettoyage » faisant appel à des prestataires et modérateurs kenyans qui ont eu la lourde tâche « d'éduquer » l'IA conversationnelle, comme l'a révélé le Times (Ferrigo, 2023). Non sans ironie, ce « biais » de l'infaillibilité algorithmique engendre une régression à l'infinie puisque « dé-biaiser » un modèle n'offrirait pas un accès au réel immédiat, mais à de nouveaux biais formant une représentation qui ferait alors office de présentation[10]. En effet, selon Ambre Davat, plusieurs formes de « biais » s'affrontent : « biais comme écart

10 À ce sujet, voir dans ce dossier l'article d'Ambre Davat « Biais, intelligence artificielle et technosolutionnisme ».

à une norme scientifique » qui concernerait un défaut méthodologique ou technique interne à la conception de l'algorithme, un biais comme « écart à la rationalité économique » à la manière des biais cognitifs en économie comportementale, et enfin, un biais comme « écart à une société idéale », qui fait surgir le problème plus général de la nature biaisée des bases de données mises à disposition de l'algorithme (Davat, 2023). D'où un conflit pointé par l'article entre l'exigence de rationalité d'une part, d'équité de l'autre. Entre un désir de « réalité » statistique et de conformité à une normativité sociale qui mobilise tout un ensemble d'affects, de valeurs et de construction socio-historique que la première « réalité » souhaiterait oublier.

Cette grille de lecture socio-historique de ce que constituerait une « erreur » algorithmique excède le cadre technique et se mesure selon une norme socialement construite que l'interprétation naturaliste des biais cognitifs risquerait d'occulter. Cette problématique ne dépend pas d'un arrangement technique ni cognitif mais de ce que des données d'entraînement reflètent sur le plan des représentations humaines et sociales, celles-là même que l'on cherche à nier. Ainsi, les données sont « toujours produites par un système sociotechnique qui sélectionne les données disponibles et produit une vision déformée de la réalité » (*ibid.*, p. 6). L'algorithme peut révéler une « réalité » statistique pourtant jugée indésirable du fait d'un caractère discriminatoire sur le plan des valeurs humaines et dont on redoute l'effet performatif et régressif. Le dépouillement des données d'une certaine contextualisation dans un souci de neutralité biaise justement toute tentative de généralisation hors de son contexte d'élaboration scientifique (critère dit de « validité externe » (*ibid.*, p. 5).

En outre, l'IA développée pour la plupart de nos applications est « faible » (« Low-AI ») et demande une maintenance humaine constante pour fonctionner. De ce fait, les évolutions qu'ont engendré l'IA sont plus de l'ordre d'une recomposition socio-économique que d'une menace ontologique. Comme le fait remarquer Antonio Casilli (2019) dans son enquête intitulée « En attendant les robots : Enquête sur le travail du clic », la partie humaine du travail robotique est essentielle et va de l'annotation de vidéos, au tri de tweets, produits, adresses (en fonction de leur pertinence), retranscription de documents scannés, réponse à des questionnaires en ligne assurée autant par des travailleurs précaires des pays industrialisés, que de travailleurs pauvres dans les pays en développement (« digital labor »). Le « Mecanical Turk », qui est la plateforme d'Amazon de mise en relation par coordination algorithmique entre diverses catégories d'usagers ou entre usagers et prestataires fait directement référence au canular historique d'un automate joueur d'échec qui abritait en réalité de véritables joueurs dissimulés et qui remportaient la plupart de leurs parties. Leurs adversaires attribuaient alors abusivement ces victoires à l'intelligence de l'automate. Cette métaphore révélatrice désigne la plateforme qui permet à des centaines de milliers de tâcherons d'exécuter des micro-tâches pour quelques centimes, car une division cognitive du travail à une telle échelle est parfois plus rapide et plus rentable pour des grandes plateformes que de faire appel à des experts en Intelligence Artificielle. Cet effort de « *human based computation* » peut aussi s'apparenter à la constitution d'une playlist de Rock, à la retranscription du contenu d'un ticket de caisse à partir d'une photo, à la recherche d'une photo d'un acteur célèbre inspirant une émotion particulière (peur, dégoût etc.), au tri d'archives sonores, à l'annotation d'images destinées à la reconnaissance visuelle des formes, etc. En réalité, loin d'être des tâches cognitives hautement qualifiées, c'est la partie la plus mécanique et rébarbative du travail qui requiert le plus de travail humain.

S'engage alors des luttes de visibilisation et d'invisibilisation de ces enjeux (Star & Strauss, 1999). Car le processus de « naturalisation » dont nous tentons ici d'esquisser les contours agit à deux niveaux, d'abord dans le sens d'une réduction de l'homme à sa dimension biologique dans le programme d'IA au sens scientifique, mais aussi dans l'usage quotidien de ce qui « ne se discute plus » selon le sens d'Yves Jeanneret (2014), d'une naturalisation qui sert à légitimer une institution. Ainsi « cette institution du visible est elle-même rendue invisible par son apparente évidence naturelle » (Jeanneret, 2001, p. 166) alors que « l'oubli des médiations et des pouvoirs, loin de faire effectivement disparaître ces derniers, conduit immanquablement à les renforcer, en leur permettant d'agir dans l'invisibilité » (*ibid.*, p. 159).

L'IA semble faire l'objet d'une fétichisation au sens marxiste du terme ou plus précisément d'une réification telle que le concept est employé chez Lukács, c'est-à-dire d'une aliénation de l'activité humaine, d'une soustraction de l'homme face au travail d'où il résulte que « le pouvoir de la personne s'est transformé en pouvoir de choses » (Marx, 1980, p. 93). Cette fétichisation, de l'IA en l'occurrence, objective une abstraction et en cela extériorise voire antagonise les tâcherons, du fruit de leur travail. Cette activité humaine est réifiée comme caractéristique cognitive intrinsèque et naturelle à l'Intelligence Artificielle désormais objet concret et autonome. Ce processus de réification par le biais duquel on abstrait du travail humain pour l'objectiver dans l'IA se redouble sur le plan épistémologique (si ce n'est ontologique) d'une abstraction de certaines caractéristiques cognitives réifiés au sein de réseaux neuronaux. Ainsi, pour reprendre les termes de l'analyse de Lukács, une partie de l'activité humaine, et ajouterons-nous, de ses caractéristiques cognitives, se voient « soumises à l'objectivité étrangère aux hommes, des lois sociales naturelles » (Lukács, 1974, p. 114).

L'IA ne semble pas encore être cet outil tant promis qui libérerait l'utilisateur de certaines tâches considérées comme les moins nobles et créatives de l'activité cognitive humaine, car c'est l'inverse qui semble pour l'instant se produire. Chat-GPT3, et à travers lui, une fondation comme Open AI, récolte les fruits de tâches hautement cognitives tandis que des travailleurs dissimulés se mettent à son service en exécutant des tâches rébarbatives à des cadences infernales. L'IA se retrouve en tension entre deux récits antagonistes, celui d'un reniement des dynamiques sous-jacentes à l'élaboration et au déploiement de l'IA de la part des plateformes, et celui d'une mise en évidence de ces mêmes rouages par les « *gig workers* ». Tandis que les plateformes vont plutôt faire jouer l'argument de la boîte noire, de l'opacité ou du secret industriel, profitant de la complexité des algorithmes pour justifier une sorte de quasi autonomie et avec cela de déférence de responsabilité. Un exemple de ce transfert de responsabilité est la façon dont les chauffeurs VTC sont gouvernés indirectement par voie de smartphone. Uber dispose en effet de divers instruments, alertes, modes de calculs, se contentant de définir des lignes de conduite à la fois pour les clients et les employés sans que cette architecture algorithmique nécessite pour sa mise en place le moindre ordre ou instruction explicite. On croirait voir une sorte de normativité immanente à l'œuvre comme cela est également l'effet recherché par la défense de Facebook face au congrès américain, affirmant que le réseau social était façonné par les interactions des utilisateurs exclusivement. Ainsi, dans un discours qui élude les choix de design et de modèles économiques, Facebook affirme que les algorithmes des réseaux sociaux ne feraient que récolter puis réinjecter des données informées par les comportements d'utilisateurs sans mentionner le fait que ces mêmes algorithmes favorisent par exemple les contenus les plus viraux et les plus addictifs.

UNE VISION NATURALISTE DE L'INTELLIGENCE

Le mythe entretenu d'une IA « forte » à l'intelligence autonome et compréhensive, a été massivement investi dès les années 1980 et 1990, qui constituent par ailleurs les décennies d'apogée du néolibéralisme. Ce fut notamment le cas dans des secteurs comme la finance, la gestion et la logistique, avec ce souci propre au capitalisme de s'auto-légitimer comme système auto-engendré au sein duquel l'IA pourrait jouer ce rôle quasi-imperceptible, telle la « main invisible » du marché « auto-régulateur ». Ce caractère présupposé « immatériel » du marché régulé par l'IA repose sur la même illusion que dénonçait Von Neumann à propos de la mise à feu du neurone comme momentum abstrait des conditions organiques discrètes qui précèdent cette action, confondant le résultat avec la cause. Ici, ce sont les grandes avancées brandies par les plateformes à propos de leurs IA qui masquent le labeur de centaines de milliers d'humains à la tâche. Les interfaces Web, par exemple, ne donnent l'impression d'être pilotées comme par magie par des robots que parce que des personnes effectuent le travail silencieux d'optimisation en arrière-plan, dont celui de « nettoyage du Web ».

Le récit de l'immatériel adossé à des infrastructures opaques est également un moyen de ne plus souffrir des ralentissements dans la fluidité logistique de la part de luttes liées au travail, en entretenant alors un autre mythe, celui de l'extinction du travail humain, qui subit en réalité une restructuration. Le tournant logistique de la numérisation de l'économie mondiale et le déplacement de l'information n'en implique pas moins des produits matériels, des biens et des ressources. Mais cette logistique emprunte des voies qui se dérobent à la perception et à la représentation. Les infrastructures logistiques d'entreprises telles que Uber, Amazon ou Google, alimentées par l'IA, sont conçues pour fonctionner sans friction jusqu'à devenir imperceptibles, assez fluides pour échapper à toute résistance ou examen public. La politique des boîtes noires de ces entreprises régit l'infrastructure des mouvements matériels et immatériels.

Les concepteurs d'algorithmes semi ou non-supervisés ne définissent pas les règles de son exécution, ils déterminent des règles selon lesquelles l'algorithme est censé apprendre à atteindre un certain but. Dans de nombreux cas, ces stratégies de solution sont si complexes qu'elles ne peuvent même pas être comprises a posteriori. Elles ne peuvent être testées qu'expérimentalement, et non plus logiquement. C'est ce qui a pu contribuer à renforcer la croyance que cette opacité était la démonstration d'une quasi-autonomie de la part de ces algorithmes sophistiqués, éludant toute supervision humaine. Cette insistance sur la nécessité des algorithmes d'engendrer de la valeur per se révèle un modèle dans lequel une telle valeur est censée être créée dans des processus optimisés sur le plan logistique, émancipés du travail humain. Cela implique notamment un processus débarrassé des problèmes que les travailleurs indisciplinés ont régulièrement causés à l'économie par des grèves, des révoltes et d'autres formes de désobéissance.

La complexité et l'effet « boîte noire » induite par l'apprentissage profond force à une logique inductive prompte à ignorer l'explication causale pour se satisfaire de corrélations. Les hypothèses ne précèdent pas le traitement des données mais en résultent. Contrairement à l'État social, la « gouvernementalité algorithmique » (Rouvroy & Berns, 2013) ne fait appel à aucune hypothèse sur l'existence de problèmes sociaux spécifiques nécessitant une action collective concertée de l'État puisque dans l'épistémologie des mégadonnées, le réel, ce sont précisément les données. Ainsi, T. Berns et A. Rouvroy relèvent que les savoirs produits par le traitement algorithmique semblent « émerger directement de la masse des données, sans que l'hypothèse menant à ces savoirs ne leur préexiste : les hypothèses sont elles-mêmes "générées" à partir des données ». Ainsi, expliquent les deux auteurs, toute « action normative découlant de ces processus statistiques » (Rouvroy & Berns, 2013, p. 180) n'est plus l'instrument d'une quelconque normativité extrinsèque mais l'expression même du réel qui s'exerce sur l'individu directement. Le degré de personnalisation permise par le ciblage algorithmique établit une forme de normativité intrinsèque ou immanente qui épouse en quelque sorte la souplesse de l'individu, elle est informée par le comportement de l'individu-même en temps réel et sous toutes ses variations. Cette approche méthodologique est parfois décrite comme « let the data speak » (Mayer-Schonberger & Cukier, 2013, p. 6). Là où les modèles de régression statistique classiques intégraient une dizaine de variables et des échantillons de milliers de personnes, les modèles d'apprentissage automatique utilisés aujourd'hui fonctionnent avec des centaines voire des milliers de variables sur des échantillons de millions ou milliards de personnes.

Ce « réel » des données traitées par les algorithmes intelligents, est aussi l'exigence d'une standardisation ou d'une neutralité de format au sens d'une neutralisation, d'un nettoyage de la donnée d'éléments parasitaires qui témoignerait d'une trace humaine quelconque. Bruno Bachimont fait remarquer que la donnée, au contraire de la trace, qui est le résidu présent d'un passé révolu, est déjà formatée lorsqu'elle se rend manipulable. Une donnée n'est pas résiduelle mais est un réel imposé. Elle est rendue amnésique, ne présente aucune trace de processus génétique et institue en cela un réel présent. Les données sont décontextualisées pour se rendre manipulables et ainsi favoriser l'interopérabilité, la circulation à vitesse marchande. La donnée est pensée pour le calcul, pour s'insérer au sein d'un algorithme et répondre à l'équation : « étant donné x, voilà y » sans se soucier de ce qui était avant ou ce qui sera après, elle est décontextualisée. Son résultat est intemporel pour la raison que le calcul de l'algorithme doit pouvoir fonctionner sur Android ou OS, à Belfast ou à Paris, indépendamment des particularismes locaux. C'est ce que Bruno Bachimont qualifie de « présentisme » (Bachimont, 2022) du numérique de la donnée, des supports et des formats, qui sont, nous l'avons dit, des conditions de circulation ou d'opacification des flux logistiques et informationnels. L'archive est le support qui rend tangible cette présence du non contemporain. Le présentisme technologique est entretenu par le numérique qui exige une actualisation permanente en termes de compatibilité de supports. La mise en données du monde par l'IA et la numérisation abolissent la temporalité propre aux contenus et masquent leur dimension testimoniale.

L'application du calcul algorithmique du « réel » ainsi modélisé n'en expurge pas pour autant les biais, puisque les données qui alimentent ce modèle ne sont pas des faits mais des reflets d'une réalité jonchée de rapports de force. En fait, l'objectivation du prisme algorithmique risque même d'entériner la contingence de relations socio-culturelles fictivement considérées comme immuables car affranchies de toute marque de fabrique[11]. Cette critique sera adressée au connexionnisme par les tenants de l'approche de la cognition incarnée, pour qui le monde n'est pas quelque chose d'extérieur ni de pré-donné qu'on se représenterait intérieurement. Plutôt, c'est le monde d'un organisme qui est « énacté » par le couplage de cet organisme avec son environnement dans une sorte de co-détermination mutuelle. Or, les outils de calcul algorithmique ne sauraient être décontextualisés de leur contexte de production. Les « biais algorithmiques » semblent trahir aussi bien le reflet des représentations latentes de l'humain que l'échec de leur contournement aux mains des algorithmes intelligents. Ces rendus biaisés, qui le sont à l'aune d'un jugement tout à fait humain et normatif, ont plus de chance d'être en réalité des résidus de biais « humains » logés au sein des algorithmes apprenants que des biais algorithmiques en eux-mêmes. Cette nuance n'implique pas nécessairement une intentionnalité pure de la part du concepteur qui peut également s'avérer surpris par les conséquences sociales et complexes du déploiement des algorithmes intelligents. De façon tout à fait ironique, le biais « algorithmique » renseigne peut-être davantage sur l'état des représentations humaines que sur le réel même. C'est le paradoxe de cette entreprise ambiguë, écartelée entre mimétisme et dépassement de l'intelligence humaine. Les biais algorithmiques sont à la fois ce qui fait échouer le programme d'Intelligence Artificielle, en même temps que ce qui rend l'IA plus « humaine » dans le sens où cela révèle son empreinte anthropique.

11 Les algorithmes de prédiction déployés par la police dans des quartiers défavorisés présentent par exemple le risque de faire passer des corrélations pour des liens de causalité. Cette mise en statistique à caractère ethnique risque de muer une réalité sociale, politique, économique complexe à des « risques » dont la catégorisation ethnique n'aura qu'une vocation sécuritaire et probabiliste, plutôt qu'explicative.

CONCLUSION

En tant que pouvoir agissant, qui émane elle-même d'une intentionnalité, l'IA est vectrice d'un enchâssement de médiations et donc d'illusions. La technique produit des modes d'organisations sociales qu'elle naturalise et donc dé-politise : « la transformation de faits socio-techniques à des faits tout courts passe donc par la transformation de l'objet technique en boîte noire : il s'efface dans le même temps qu'il est plus indispensable que jamais » (Akrich, 1987, p. 13). M. Akrich pointe ici l'importance d'établir une anthropologie des techniques pour exposer la contingence et la charge idéologique des artefacts : « le renversement a posteriori de toutes les histoires particulières qui ont abouti à la mise en place et au fonctionnement de certains objets techniques est à la base de ces processus de naturalisation, c'est-à-dire de fixation univoque de liens de causalité. C'est de cette manière que les objets techniques construisent l'être humain et son histoire "imposent" certains cadres de pensée. » (*Ibid.*, p. 14). Il est alors possible de décrire le rapport de l'objet technique à l'organe vivant comme « à l'envers », en termes « d'histoire refaite ». L'objet cybernétique est le modèle intellectuel qui permet de penser l'organe et l'« organisation technique » (Beaune, 1998, p. 21).

Les promesses de « *self-regulation* » que font planer les IA sur des secteurs comme la finance, le courtage ou la banque, rappelle le rêve physiocrate de naturalisation de l'économie (Steiner, 1998). Celui de faire exister le marché indépendamment de toute convention humaine, comme reflet de lois naturelles que le prisme algorithmique permettrait de saisir immédiatement. Cette stratégie vise à dissoudre en cela l'intentionnalité du pouvoir dans l'environnement discret des TIC, pour le rendre aussi impersonnel et insaisissable que l'ordre naturel des choses. Or, les modèles apprenants détiennent toujours une forme d'autonomie par rapport à leur objet réel c'est-à-dire à la fois ce qu'ils ont pour objectif d'expliquer et ce à partir de quoi ils sont modélisés. Par conséquent chaque modèle comporte une forme d'invention dans son processus en même temps qu'une simplification et une réduction. Cela implique aussi qu'un modèle développe une sorte de normativité propre parfois déliée de la réalité phénoménale qu'il est censé représenter et expliquer. En outre, nous l'avons vu, ces IA sont déployées selon le récit d'une émancipation des tâches les moins nobles du travail humain, tout en étant en réalité dépendantes de l'activité de centaines de milliers de travailleurs aux tâches répétitives et aliénantes. C'est pourquoi dans cet article, plutôt que d'adhérer au mythe du travail humain comme une réalité en voie de disparition, nous jugeons nécessaire d'aborder cette activité de l'IA comme une réalité enfouie qui doit être extraite des récits dominants et des structures de pouvoir. L'expression « *data mining* » renforce cette impression d'une ressource naturelle, brute, qui s'extrait de la nature. Or cet imaginaire de l'abondance et du don de la nature fait disparaître le labeur humain.

C'est peut-être finalement la vocation de l'Intelligence Artificielle à dépasser les limitations cognitives de l'homme qui font d'elle un objet dont on néglige le sceau humain, ce qui en fait sans doute le marqueur d'un objet idéologique. En effet, une partie au moins de la puissance de l'IA repose sur la dissimulation de sa provenance, afin de se confondre en un fonctionnement pur et naturel, qui ne laisserait place qu'à une forme de gestion à la marge de certains biais. L'action artificialisante des techniques constitue donc en cela une action naturalisante, elle intègre la nature dans le monde technique et vice versa. Les milieux techniques et culturels cherchent à reconstituer la référence à la nature que ce soit pour des raisons d'organisation, pour des raisons scientifiques d'efficacité ou encore selon des procédés qui relèvent de l'idéologie.

Nous mobilisons l'idée d'un recel idéologique à des fins doubles mais qui sont en fait indissociables. Premièrement dans le sens où l'IA se donne comme « l'expression de ce que sont les choses mêmes » plutôt que « des moyens de protection et de défense d'une situation, c'est-à-dire d'un système de rapports des hommes entre eux et des hommes aux choses. » (Canguilhem, 2009, p. 35). Ce constat que Canguilhem emprunte à Marx sème dans le cas de l'IA de nombreuses pistes qu'il s'agirait d'élucider, comme sa participation au rêve libéral d'autorégulation de l'économie ou au rêve scientiste d'un réel sans médiation, d'une Intelligence Artificielle qui se pose dans les deux cas en « nature ».

Chez Canguilhem, la « dégradation » d'une science en idéologie passe par les médiations dont celle de la pédagogie ; lorsqu'une technique se fait « communication de résultats et non – sauf exception – réactivation des circonstances de la recherche qui les as obtenus » (Canguilhem,

1978, p. 59). C'est ce qui risque de se produire comme nous l'avons vu lorsqu'une technique est retirée de son substrat organique (abstraction réelle), de son contexte génétique (présentisme) ou économico-politique (réification) et que, dans le cas des algorithmes intelligents, elle est employée en éludant la causalité au profit de la corrélation. L'idéologie exerce une fonction d'illusion mais une illusion qui a elle-même une fonction de négation. Dans ce cas, l'élément idéologique se révèle être la négation du travail nécessaire à l'obtention d'une IA sophistiquée. Ces dispositifs sont vendus comme des altérités à la fois par rapport à ses concepteurs, comme à ses récepteurs ainsi éblouis, et eux-même largement ignorant du travail qu'ils fournissent en entraînant les IA par simple usage d'un moteur de recherche ou encore en résolvant les fameux « captchas ».

En second lieu, l'illusion structurelle que constitue la dissimulation de l'origine humaine de l'IA l'est à des fins commerciales sans doute mais aussi doctrinales. Car l'Intelligence Artificielle peut-être perçue également comme un aboutissement ou une victoire idéologique d'une conception naturaliste de l'intelligence, comme l'expression d'une hégémonie scientifique et institutionnelle sur ce que doit être l'activité cérébrale. Nous pouvons constater une dégradation au cours de l'histoire du programme d'IA issu de la conférence de Dartmouth, d'une démarche explicative à une démarche d'imitation d'un modèle et donc d'une dégradation du réel, pourtant érigé en réel voire en concurrent de notre réalité. Comme le redoutait Canguilhem, nous pouvons, au fil des médiations, scientifiques, industrielles, commerciales, pédagogiques, publicitaires, aller de dégradation en dégradation.

Nous pourrions même formuler l'hypothèse en s'appuyant sur le précédent soviétique, que le projet d'IA issu de la conférence de Dartmouth serait idéologique a plus d'un sens, aussi parce qu'il s'agirait de la réification d'un modèle d'intelligence de type agent-décisionnel et individuel évoluant au sein de la théorie du jeu, ce qui attiserait d'autant plus cette illusion d'autonomie. Il est souvent craint que l'IA ne devienne un standard de ce que signifie « être intelligent » ou travailler « efficacement » avec tout ce que cela comporterait de réducteur et de concurrentiel. L'interprétation quantitative de la notion d'intelligence est déjà culturellement plus prégnante en Amérique du Nord (voir l'importance des tests QI) qu'en Europe, qui garde sans doute une évocation un peu plus romantique du phénomène d'intelligence. En cela, l'IA serait-elle également le vecteur ou l'ambassadeur d'un modèle nord-américain et naturaliste du concept d'intelligence ?

Eugène FAVIER-BARON
Université Grenoble Alpes, IPhiG
Université Libre de Bruxelles, Belgique

BIBLIOGRAPHIE

Aneesh, A. (2009). Global Labor : Algocratic Modes of Organization. *Sociological Theory*. Vol. 27. No. 4. p. 347-370. DOI : 10.1111/j.1467-9558.2009.01352.x.

Akrich, M. (1987). Comment décrire les objets techniques. *Techniques & Culture*. p. 205-219. DOI : 10.4000/tc.863.

Akrich, M., Callon, M., Latour, B. (2006). *Sociologie de la traduction*. Paris : Presse des Mines.

Bachimont, B. (2022). Donner du sens aux données : les ruses du numérique : Les disciplines du document face à la *métis* du calcul. *Interfaces numériques*. Vol. 11 Numéro 2. DOI : 10.25965/interfaces-numeriques.4838.

Beaune, J.C. (1998). *Philosophie des milieux techniques : La matière, l'instrument, l'automate*, Seyssel : Champ Vallon.

Boyd, D., Crawford, K. (2012). Critical Questions for Big Data : Provocations for a cultural, technological, and scholarly phenomenon. *Information, Communication & Society*. p. 662-667. DOI : 10.1080/1369118X.2012.678878.

Canguilhem., G. (2009). *Idéologie et rationalité dans l'histoire des sciences de la vie*. Paris : Librairie philosophique J. Vrin.

Canguilhem, G. (1978). Le concept d'idéologie scientifique. *Psychanalyse et rationalisme*, p. 55-60.

Casilli, A. (2019). *En attendant les robots : Enquête sur le travail du clic*. Paris : Éditions du Seuil.

Danaher, J. (2016). The Threat of Algocracy : Reality, Resistance and Accommodation. *Philos. Techol. 29*. p. 245-268. DOI : 10.1007/s13347-015-0211-1.

Dupuy, J.-P. (1994). *Aux origines des sciences cognitives*. Paris : Éditions de La Découverte.

Ermoshina, K., Loveluck, B., Musiani, F. (2021). A market of black boxes : The political economy of Internet surveillance and censorship in Russia. *Journal of Information Technology & Politics*. p. 18-33. DOI : 10.1080/19331681.2021.1905972.

Ferrigo, B. (2023). Exclusive : OpenAI Used Kenyan Workers on Less Than $2 Per Hour to Make ChatGPT Less Toxic. *The Times*, 18th janaruy 2023. Accessible à l'URL https://time.com/6247678/openai-chatgpt-kenya-workers/ (consulté le 11/04/2023).

Fourneret, E., Yvert, B. (2020). Digital normativity : A Challenge for Human Subjectivation. *Sec. AI for Human Learning and Behavior Change* (3). DOI : 10.3389/frai.2020.00027.

Garapon, A., Lassègue, J. (2018). *Justice digitale : Révolution graphique et rupture anthropologique.* Paris : P. U. F. Jeanneret, Y. (2001). Les politiques de l'invisible : Du mythe de l'intégration à la fabrique de l'évidence. *Document numérique* 1-2 (Vol. 5). p. 155-180. DOI : 10.3166/dn.5.1-2.155-180.

Lukács, G. (1974). *Histoire et conscience de classe.* Paris. Collection Arguments. Nouvelle édition augmentée. Paris : Les Éditions de Minuit.

Martin-Juchat, F. (2014). Communication et culture marchande : l'illusion structurelle des logiques modernes d'enchantement affectif. In Citton, Y., Braito, A. *Technologies de l'enchantement : Pour une histoire multidisciplinaire de l'illusion.* Grenoble : UGA Éditions. p. 281-293.

Marx, K. (1980). *Manuscrits de 1857-1858 (« Grundrisse »).* Paris : Éditions Sociales. T. 1.

Mayer-Schonberger., V., Cukier., K. (2013). *Big Data : A Revolution That Will Transform How We Live, Work, and Think.* Boston : Houghton Mifflin Harcourt.

McCulloch, W., Pitts, W. (1943). A logical calculus of the ideas immanent in nervous activity. *The bulletin of mathematical biophysics* (5). p. 115–133. DOI : 10.1007/BF02478259.

Meneceur, Y. (2021). Analyse des principaux cadres supranationaux de régulation de l'intelligence artificielle : De l'éthique à la conformité. *L'entreprise et l'intelligence artificielle : les réponses du droit.* p. 51-83. Accessible à l'URL : https://lestempselectriques.net/index.php/2021/05/27/analyse-des-principaux-cadres-supranationaux-de-regulation-de-lintelligence-artificielle-de-lethique-a-la-conformite/ (consulté le 11/04/2023).

Nik-Khah, E., Mirowski, P. (2017). *The Knowledge We Have Lost in Information : The History of Information in Modern Economics.* Oxford : Oxford University Press.

Nonjon, M., Marrel., G. (2015). Gouverner par les architectures informatiques : Logiciels et progiciels de gestion intégrée dans le secteur social. *Gouvernement et action publique* (4). p. 9-24. DOI : 10.3917/gap.152.0009.

O'Reilly, T. (2013). Open Data and Algorithmic Regulation. In *Goldstein, B. ; Dyson, L. (eds.). Beyond Transparency : open Data and the Future of Civic Innovation.* San Francisco : Code for America Press. p. 289–300.

Rouvroy, A., Berns, T. (2013). Gouvernementalité algorithmique et perspectives d'émancipation : Le disparate comme condition d'individuation par la relation ?. *Réseaux* (n° 177). p. 163-196. DOI : 10.3917/res.177.0163.

Serrano, G. (2020). Où habitez-vous ? Entre ciel et terre : métaphore des environnements numériques. In Clarizio, E., Poma, R., Spanò, M., *Milieu, milieu, milieux.* Sesto San Giovanni : Éditions Mimesis. p. 177-196.

Shapiro, L., Shannon, S. (2021). Embodied Cognition. *The Stanford Encyclopedia of Philosophy.* (Winter 2021 Edition). Zalta E.N. (ed.). Accessible à l'URL https://plato.stanford.edu/archives/win2021/entries/embodied-cognition/ (consulté le 11/04/2023).

Star, S., Strauss, A. (1999). Layers of Silence, Arenas of Voice : The Ecology of Visible and Invisible Work. *Computer Supported Cooperative Work (CSCW)* (8). p. 9–30. DOI 10.1023/A:1008651105359.

Steiner, P. (1998). *La « science nouvelle » de l'économie politique.* Paris : P. U. F. Verbeek, P.-P. (2011). *Moralizing Technology. Understanding and designing the morality of things.* Chicago : University of Chicago Press.

Vico, G. (1987). *De la très antique sagesse des peuples italiques.* Trad. G. Mailhos & G. Granel. Mauvezin : TER Bilingue. Trans-Europ-Repress.

Von Neumann, J. (1958). *The Computer and the Brain.* New Haven : Yale University Press (Reprint Yale Libri 1999).

Yeung, K. (2014). Design for regulation. *Handbook of Ethics, Values and Technological Design in King's College London Law School Research Paper* (2).

Yeung, K., Lodge, M. (2017). *Algorithmic Regulation.* Oxford : Oxford University Press.

LA MACHINE À GOUVERNER

Métamorphose d'un problème séculaire

La question de la technique est devenue, depuis la fin du XVIIIe siècle européen au moins, un élément constitutif de la question sociale ; elle s'est également transposée, aujourd'hui, sur le plan politique. La figure de la machine en est l'illustration parfaite : de l'âge classique, où l'automate agissait comme un prisme révélant la nature du corps vivant, à l'ère industrielle, où il se trouve renversé en un mécanisme écrasant qui soumet et mutile ces mêmes corps, cette figure s'est vue dotée d'une épaisseur normative considérable. Si elle a pu d'abord incarner à la fois le progrès économique et la misère sociale, la machine en particulier est venue porter son ombre sur la sphère juridico-politique, l'algorithme (ou l'« IA ») étant parfois appelé à prendre la place des juges et des gouvernements.

La prise en charge philosophique de la question du pouvoir de l'« IA » est particulièrement inconfortable : les phénomènes techniques visés sont relativement récents, ils sont encore peu documentés par les sciences sociales, l'immense majorité des discours produits à leur sujet sont de nature promotionnelle, et le concept même d'« IA » charrie à la fois le vague irréductible de la notion d'« intelligence » et la perspective démiurgique vertigineuse de la création de la conscience. Nous proposons ici de contourner ces difficultés en prenant le recul de l'histoire : constater que ces phénomènes de pouvoir s'inscrivent dans des processus plus anciens permet d'abord de ne pas être aveuglés par leur apparence de nouveauté, mais cela devrait surtout permettre d'identifier les coordonnées conceptuelles desquelles nous héritons malgré nous lorsque nous cherchons à les penser. À ce titre, il est remarquable que le problème d'une dépossession de la décision politique proprement humaine au profit de machines informationnelles ait déjà été posé bien avant la diffusion universelle de l'informatique. Dans l'espace public, cette inquiétude a pris corps à l'occasion de la publication de deux articles de presse étonnamment actuels : « Vers la machine à gouverner… », par le Père Dubarle, philosophe dominicain, dans *Le Monde*, en 1948 (Dubarle, 1948), et « Le gouvernement automatique », par John W. Macy, un administrateur fédéral américain, dans la *Saturday Review* en juillet 1966 (Macy Jr., 1966). Si le poids historique de ces articles est sans doute modeste, ils ont l'intérêt d'exprimer deux contextes polémiques et deux systèmes de coordonnées conceptuelles bien distincts, qui structurent aujourd'hui encore notre approche de la dimension politique de l'« IA », et que nous proposons de reconstituer dans cet article.

L'examen des coordonnées théoriques au sein desquelles ces problèmes publics ont pu émerger devrait nous permettre de démontrer deux choses : d'abord que lorsque nous posons la question de l'« IA » et du politique, *nous héritons de cadres conceptuels essentialistes et libéraux* desquels il est difficile de s'extraire sans les identifier, et qui déterminent la construction du problème en amont de son analyse ; ensuite que ces cadres ont déjà été évalués, critiqués, révisés au cours de ces grandes polémiques, et qu'*il est donc possible de réinvestir ces critiques anciennes pour mieux penser le problème tel qu'il se pose aujourd'hui*. Explorons-donc successivement ces deux problématisations antérieures du gouvernement par la technique et leurs critiques.

« QUERELLE DU MACHINISME » ET MORT DU SPIRITUEL

L'article « Vers la machine à gouverner… » du Père Dubarle est écrit en 1948, en réaction à l'importation des théories cybernétiques états-uniennes en France[1]. La première cybernétique était déjà en perte de vitesse outre-Atlantique lorsque les milieux intellectuels français s'en emparent, entre méfiance et enthousiasme (Triclot, 2010) : on se la représente d'un côté comme la perspective qui, peut-être, unifiera les sciences dans un seul paradigme universel, et d'un autre comme un savoir

1 Il s'agit de la théorie informationnelle de la régulation des systèmes élaborée notamment par Claude Shannon et Norbert Wiener. Sur le sens de l'intervention de Dubarle dans ce moment cybernétique français, voir Triclot, 2010. Sur la cybernétique plus généralement, les travaux de Triclot demeurent une référence majeure, voir Triclot, 2008.

du contrôle applicable aux sociétés humaines et aux individus. Dubarle y résume parfaitement cette convergence entre l'intérêt des savants et la curiosité du grand public, entre l'ouverture épistémologique et la crainte d'ordre éthique ou politique. Le philosophe était bien informé des développements techniques de la pensée cybernétique, en particulier de la construction des premiers ordinateurs aux États-Unis[2]. Après avoir proposé une longue justification de l'analogie avec le cerveau humain – qui n'est pas sans rappeler le iatro-mécanisme suscité par les premiers automates à l'âge classique –, Dubarle suit Wiener dans ses spéculations sur l'application du principe cybernétique aux affaires politiques[3].

L'intuition de Dubarle consiste à entrevoir la possibilité qu'en contrepoint de la « turbulence indéfinie des affaires humaines » soit institué « un prodigieux Léviathan politique », « seule condition possible d'un bonheur statistique des masses » (Dubarle, 1948, p. 49). Les moyens et les finalités de ce Léviathan informationnel conduiraient à nier deux dimensions essentielles de la vie humaine : l'action politique et la recherche du bonheur. En ce qui concerne ses moyens, la puissance démesurée de cette machine à gouverner, sans commune mesure avec celle de l'État hobbesien, rendrait impossible toute contestation, puisque cette dernière serait toujours illégitime – ses propositions étant nécessairement moins informées, donc moins valides, que celle de la machine –, et jamais assez rusée pour prendre le pouvoir : le « jeu » politique, avec ce qu'il implique de marge de liberté et de construction de commun

2 Il serait moins anachronique de parler de « calculateurs » : ce n'est qu'en 1955 que le terme d'« ordinateur » sera inventé en français par un philologue latiniste de la Sorbonne, Jacques Perret, alors sollicité par la société IBM.

3 « Ne pourrait-on imaginer une machine à collecter tel ou tel type d'informations, les informations sur la production et le marché par exemple, puis à déterminer en fonction de la psychologie moyenne des hommes et des mesures qu'il est possible de prendre à un instant déterminé, quelles seront les évolutions les plus probables de la situation ? Ne pourrait-on même concevoir un appareillage d'état couvrant tout le système de décisions politiques, […] ? Rien n'empêche aujourd'hui d'y penser. Nous pouvons rêver à un temps ou une machine à gouverner viendrait suppléer – pour le bien ou pour le mal, qui sait ? – l'insuffisance aujourd'hui patente des têtes et des appareils coutumiers de la politique. […] La machine à gouverner définirait alors l'État comme le meneur le plus avisé sur chaque plan particulier, et comme l'unique coordinateur suprême de toutes les décisions partielles. Privilèges énormes qui, s'ils étaient scientifiquement acquis, permettraient à l'État d'acculer en toutes circonstances tout joueur au "jeu de l'homme" autre que lui à ce dilemme : ou bien la ruine quasi immédiate, ou bien la coopération suivant le plan. » L'auteur conclut ce passage en citant *Le meilleur des mondes*. (Dubarle, 1948, p. 49)

dans l'affrontement, devient inconcevable. Quant à ses fins, même si un tel pouvoir était tout entier tourné vers le bien de ses sujets, celui-ci ne serait jamais visé que comme optimisation du bonheur moyen, ce qui doit apparaître « comme pire que l'enfer à toute âme lucide ».

Même si l'auteur lui-même semble revenir par la suite (Dubarle, 1950) sur le catastrophisme politique de sa première tribune, les dangers que représenterait une telle machine à gouverner font désormais partie de la conscience commune d'une partie du monde intellectuel ; or, cette projection inquiétante d'une gouvernance machinique bienveillante, incontestable et inhumaine reproduit un schéma philosophique caractéristique du contexte de l'après-guerre. On peut accorder au philosophe dominicain d'avoir montré comment les développements de l'informatique d'alors rendaient cette menace plus vraisemblable, mais il n'est pas le premier à avoir fait de l'opposition du technique et du politique le problème du temps. Les décennies 1930-1950 sont traversées par ce que l'on désigne encore aujourd'hui comme la « querelle du machinisme » – d'après le mot de Georges Duhamel[4] –, un des thèmes majeurs de la philosophie française et européenne de l'époque. « La machine, observe Lucien Febvre dès 1934, [...] continue à exciter prodigieusement les jeunes imaginations [...] voilà que la dénoncent, comme l'ennemie, et des économistes, et des essayistes, et des moralistes [...] » (Febvre, 1934). C'est à cette controverse et aux cadres théoriques qu'elle a posés qu'il faut revenir pour comprendre la première critique politique de l'informatique. La querelle se déploie, schématiquement, en deux temps : d'abord une ligne de front s'établit quant à la *dimension spirituelle du machinisme*, puis les présupposés du débat font l'objet d'une *critique socio-anthropologique* qui renverse complètement la manière dont le problème doit être posé.

Le champ se polarise donc tout d'abord autour de la question de la valeur spirituelle de la machine. Henri Bergson est sans aucun doute le premier à porter haut la critique spirituelle de la technique : le corps – devenu trop grand – de l'humanité outillée par la modernité risquerait

4 Georges Duhamel, médecin et écrivain, publie en 1933 dans *La Revue de Paris* un pamphlet précieux qui résume l'affrontement intellectuel du temps : « La querelle du machinisme ». Cette querelle prend en réalité racine dès les années 1920 (Isaac, 1922), et trouve des échos bien au-delà de la France, que ce soit dans le *Nous* d'Evgueni Zamiatine en 1920, chez Oswald Spengler, dans *Der Mensch und die Technik* en 1931, ou chez Lewis Mumford, dans *Technics and Civilization* en 1934 (Jarrige, 2014).

de ployer sous son propre poids sans un « supplément d'âme » (Bergson, 1984). Duhamel, dans le pamphlet qu'il écrit un an plus tard, tire de son expérience particulière de la guerre comme médecin au front une formule qui fait écho : le rapport de soin se trouve tellement soumis à des exigences d'organisation industrielle qu'il y perçoit la manifestation d'une crise profonde de l'humanisme. En perdant son individualité et sa capacité à s'ouvrir à l'autre, l'humain pourrait bien se dissoudre dans le fonctionnement machinique de ses organisations gigantesques : « la lutte est désormais entre l'humaniste et l'automate », conclut-il. En 1947, Georges Bernanos fait paraître en France un pamphlet, là encore, paru deux ans plus tôt au Brésil : *La France contre les robots* (Bernanos, 1947)[5], dans lequel il rejoue cette scène avec une certaine verve. Dans sa pensée, le problème est directement à la fois spirituel et politique : la « Technique », avec la majesté d'une nouvelle divinité, tend à imposer ses dogmes et sa foi, requiert une dévotion aveugle, et met à l'index tout ce qui, trop original, s'en distingue ; ce faisant, la rationalité technique conduit au « gouvernement du nombre » (Bernanos, 1947, p. 197), c'est-à-dire à l'oubli de la politique, de l'histoire et de l'esprit des peuples. Les robots dont il est question dans le titre désignent les automates que risqueraient de devenir les Français et Françaises s'ils choisissaient d'abdiquer leur humanité à la religion idolâtre des élites polytechniciennes, planificatrices et technocrates.

Le fil de la mort spirituelle et politique de l'humain développé par Bernanos est largement repris après lui, avec diverses nuances de traditionalisme (Marcel, 1951), de nationalisme (Boutang, 1956) ou de racisme (Siegfried, 1955)[6]. Cependant, tous ne rejettent pas la technique avec autant de véhémence. De l'autre côté de cette ligne de front, on trouve aussi des philosophes comme Emmanuel Mounier, fondateur charismatique du personnalisme et directeur de la revue *Esprit*, autour duquel ont gravité des générations d'essayistes à la sensibilité plus ou moins chrétienne qui cherchaient à se distancer des inspirations fascistes, libérales ou communistes. Mounier part de la critique de Bernanos dans un recueil d'article qu'il intitule, non sans ironie, *La petite*

5 L'auteur a en réalité déjà eu l'occasion de faire la critique de cette « Usine universelle » qu'est la société technicisée dans son ouvrage de 1931 sur Drumont.

6 André Siegfried, sociologue et président de la Fondation nationale des sciences politiques, se fait le défenseur féroce de l'ordre et de la « race » blanche contre les machines et « l'âge administratif », dans ce cycle de conférences de 1955 (*cf.* notamment p. 12).

peur du XXe *siècle* (Mounier, 1948) mais prend un tour plus dialectique pour parvenir à des conclusions opposées : la dimension spirituelle de l'existence humaine s'appauvrit sur le sol stérile de la technique, mais celle-ci porte en germe la possibilité d'un renouveau spirituel, dans la mesure où – selon un motif hégélien-marxiste classique – l'organisation de la société par la puissance technique, en libérant l'humanité de la pesanteur de la matière et du besoin, libérerait par-là même ses facultés spirituelles. L'espoir de retour à une nature virginale laissée intacte par la technique relève pour lui du mythe et de la réaction psychologique irrationnelle : la tâche qui se dessine consiste alors à tenter de libérer, par la technique, un espace pour la vie spirituelle.

Ces philosophies, malgré leurs différences d'évaluation de la technicisation du pouvoir, partagent une tendance à essentialiser l'opposition entre l'Humain et la Technique – et même si la position personnaliste de Mounier dialectise cette opposition, elle se construit sur la base de leur distinction et de leur opposition. On peut considérer que les figures du « paradis des robots » (Bernanos) et de la « machine à gouverner » (Dubarle) font écran à la réflexion, en cela qu'elles reconduisent une partition ontologique très lourde qui préempte largement les conclusions normatives de l'analyse. Pourtant, à la même époque se dessine un contre-discours, plus informé empiriquement, et assis sur un fondement théorique qui désamorce ce dualisme : il s'agit de l'enquête sociologique sur les nouveaux mondes du travail informée par la notion de *milieu*.

Dès 1934-1935, Simone Weil, alors établie dans les usines Renault, propose d'évaluer l'organisation capitaliste de la production en enquêtant sur le « milieu matériel » autant que « social » généré par l'industrialisation. Le concept est hérité des sciences de la nature du XIXe siècle – la référence à la « méthode lumineuse » de Darwin est explicite dans *Oppression et liberté* (Weil, 1955) –, mais en plus du milieu naturel et de l'interaction avec les autres groupes humains, elle ajoute une troisième dimension devenue centrale dans le devenir de l'espèce : « l'aménagement du milieu naturel, l'outillage, l'armement, les procédés de travail et de combat ».

Dans la même veine, le sociologue Georges Friedmann entreprend de faire l'étude des évolutions du travail induites par l'évolution du machinisme, et même si chez lui la notion de milieu est rarement directement thématisée dans ses travaux les plus empiriques (Friedmann, 1946)[7], c'est clairement dans cette direction que tend son analyse lorsqu'il conçoit le « facteur humain » au travail avant tout comme un entrelacs relationnel et dynamique pris dans son « milieu ambiant[8] ». On y entend déjà une critique de l'essentialisme des discussions de l'époque sur la technique. Dans ses œuvres plus spéculatives (Friedmann, 1945, p. 5 *sq.* ; 1950), il défend même la thèse selon laquelle l'évolution technique représente aussi toujours une évolution anthropologique. « L'homme n'est pas le même, il ne sent, il n'agit, il ne pense pas de même selon les époques de son histoire, selon le milieu où il vit : selon les techniques dont il dispose » ; et à l'inverse « [...] l'homme modifie son milieu, et à travers son milieu, il se modifie lui-même et s'élance vers de nouvelles transformations » (Friedmann, 1945, p. 106). En affirmant au niveau le plus fondamental la *constitution technique de l'humain*, le fait que la technique est produite par l'humain, et l'humain par la technique, il fait éclater les fondements essentialistes de l'opposition rigide entre humain et technique qui préside à une part du débat.

Tout son propos consiste alors à montrer que ce n'est pas la technique *in abstracto* qui pose problème, puisque, comme pour Mauss, c'est le corps même de l'humain, dans son ouverture perceptive et sa prise active sur le monde, ainsi que sa pensée, qui sont informés par la technique. Le problème du machinisme – et celui de la « machine à gouverner » – tient alors en une scission au sein même des parties constitutives de l'humain. L'humain n'est plus un bloc qui précéderait ontologiquement à ses productions techniques, mais l'humanité réside dans la relation – historiquement située – entre un corps, un esprit et un milieu, toujours déjà technicisés.

Par la mobilisation du concept de milieu, Weil et Friedmann proposent une critique radicale du système de coordonnées conceptuelles de l'humanisme essentialiste. L'opposition de l'humain et de la technique ne s'impose alors plus comme un donné ontologique fondamental

7 L'avant-propos de l'édition de 1945 fait cependant mention d'un troisième tome à venir, qui sera dédié à « étudier l'ensemble du milieu où se développe la civilisation technicienne ».

8 « [...] Physiologistes et psychotechniciens s'apercevaient que l'exclusive considération de l'individu n'était pas suffisante. Ou plutôt, en même temps que l'individu, considéré dans sa plénitude, c'était l'homme au travail, l'homme total, avec l'entrelacs varié de ses intérêts, de ses liens au milieu ambiant qui faisait irruption dans les problèmes bio-psychologiques des ateliers [...] » (Friedmann, 1946, p. 360).

dont les implications normatives consisteraient à limiter la place de la technique pour préserver l'espace d'une vie spirituelle authentiquement humaine. Un tel dualisme conceptuel ne permettrait aujourd'hui de penser la question du gouvernement par l'« IA » que sous la forme d'une négociation entre un gain d'efficacité organisationnelle et la mutilation d'une dimension essentielle de l'existence humaine – qu'il s'agisse de l'affirmation publique de soi dans l'agora délibérative ou de l'épreuve de notre puissance générique d'agir. Au contraire, recomposer ce paysage conceptuel autour de la notion de milieu autorise à remonter à la racine de ce dualisme, et à y voir le *résultat d'un processus* plus profond plutôt qu'un *donné* fondamental.

En effet, dès lors que l'on pense l'humain comme une relation, en partie technique, entre un corps, un esprit et un milieu, il devient possible de concevoir un découplage de ces termes, un système de relations disharmonieux. C'est ce qu'entend Friedmann par « nouveau milieu », cet ensemble de machines et de procédés organisationnels qui s'imposent au corps et à l'esprit des ouvriers et ouvrières, sans pouvoir être affectés par eux et elles en retour[9]. Les évolutions économiques structurelles qui favorisent le développement de ces formes techniques induisent, au niveau de la vie des individus et des collectifs, la rupture de cette relation dynamique, c'est-à-dire à la fois l'impossibilité de construire son monde propre, de s'y projeter et de se l'approprier, et l'incapacité de contrôler la manière dont ce monde étranger façonne nos dispositions psychiques et corporelles.

Plutôt que de faire la critique de la « machine à gouverner » comme étant une simple négation des dimensions spirituelles et politiques essentielles de l'humain, la théorie du milieu technique propose donc de faire porter l'attention sur des formes pathologiques de relation entre différentes instances et différentes strates historiques de l'activité humaine. Pour éviter la tâche immense de construction d'une éthique du devenir technique qui dessinerait des formes de vie, riches ou stériles, rendues possibles par tel ou tel milieu technique, Friedmann, dans les textes mentionnés, propose surtout de mettre en avant le premier obstacle,

9 Le concept de « milieu technique » de Friedmann est sans doute celui qui, en vertu de son potentiel critique, informera le sens commun des années 1950 – certainement plus que celui de Leroi-Gourhan dans *Milieu et techniques*, cette « pellicule » qui fait la médiation entre le monde intérieur et le monde extérieur et qui, comme expression culturelle, a une valeur plus épistémologique, pour l'anthropologie, que véritablement critique.

la première expérience négative que révèle la théorie des milieux technique : la *non-réciprocité* de la relation au milieu technique – ou, en ce qui concerne la machine à gouverner, la possible *unilatéralité du gouvernement machinique*. Le problème ne viendrait pas de la technicité essentielle et inhumaine des dispositifs d'« IA » – auxquels on accorderait une place indue, dans des sphères d'activité desquelles ils devraient par nature être exclus –, mais bien de leur *caractère inapproprié et inappropriable par l'activité individuelle et collective*. Ce n'est pas que l'essence humaine serait amputée de sa dimension politique par une machine à gouverner, mais bien que l'unilatéralité de la relation à cette médiation politique fermerait une des possibilités d'orienter le processus que nous sommes. En cela, on peut lire dans cette controverse une instanciation particulière de la discussion théorique générale qui opposera plus tard Heidegger à Marcuse : le premier fait de la modalité contemporaine du dévoilement de l'être comme réserve à disposition (« *das Gestell* ») la source fondamentale de l'aliénation par l'organisation technique du monde social, tandis que le second, en héritant de la théorie marxienne de la forme-marchandise, envisage comment les structures économiques, par la domination anonyme qu'elles exercent sur le social, peuvent niveler l'expérience des sujets et limiter leur capacité à transcender l'existant (Feenberg, 2014, p. 73 *sq.* et p. 383-395).

Cela doit amener à toujours associer la discussion des propriétés intrinsèques d'un tel dispositif technique avec les conditions concrètes de son inscription sociale. Dans le cadre d'une théorie des milieux techniques, le découplage n'est pas dû à la technicité en tant que telle mais à des pressions structurelles qui font que la technique s'incarne dans des systèmes de relations unilatéraux plutôt que dans des circuits harmonieux – chez Weil et Friedmann, le problème vient du rapport social capitaliste qui est la condition d'une rupture de réciprocité avec le milieu, et non l'inverse. Questionner la valeur d'un gouvernement algorithmique doit donc toujours passer par l'examen du contexte social dans lequel celui-ci serait amené à se déployer, pour y identifier ce qui favoriserait l'appropriation de ces médiations par les sujets politiques, et ce qui au contraire contribuerait à l'établissement de relations unilatérales.

EXPANSION DE L'ÉTAT ET FIN DE LA VIE PRIVÉE : LE CADRE LIBÉRAL

Dans un contexte différent, en juillet 1966 aux États-Unis, la *Saturday Review* titre avec un article de John W. Macy : « Le gouvernement automatique – Comment les ordinateurs sont utilisés à Washington pour rationaliser l'administration du personnel, au bénéfice de chacun » (nous traduisons). Il fait suite à un projet ambitieux, soumis par un des services du Département du Trésor à l'automne 1965, de fusionner les registres du recensement, du fisc, de la sécurité sociale, de l'agence d'études statistiques du travail, de la réserve fédérale, et d'une dizaine d'autres institutions au niveau fédéral, en une unique banque de donnée qui aurait été accessible à toutes ces agences : le National Data Center (Igo, 2018, p. 221). Avec son article, Macy s'inscrit dans une série de plaidoyers en faveur du dispositif et de son extension, qui vantent l'économie en équipements informatiques qu'il permettrait de réaliser et l'optimisation du fonctionnement des administrations par le recoupement des données. Finalement, l'article échoue complètement à convaincre ; il contribue même plutôt à enflammer l'espace public.

Ce qui distingue cette polémique de celle qui entoure la « machine à gouverner » des cybernéticiens français, c'est que l'automatisation du politique est surtout redoutée pour la menace qu'elle fait peser sur la vie privée : l'ensemble du problème est abordé sous l'angle conceptuel de la *privacy*. Au milieu des années 1960, l'espace médiatique est saturé de cette inquiétude[10] et les auditions s'enchaînent devant le Congrès sur le thème de la protection de la vie privée. Ce sont alors des juristes, dans un premier temps, qui formulent l'équivalence entre « l'ordinateur central » et « un système gouvernemental de surveillance[11] » (Westin, 1967 ;

10 Depuis au moins deux décennies, les micro et caméras-espions s'étaient multipliés dans la presse populaire, avec ces récits de filatures ou d'écoutes qui mettaient en scène le FBI, la police, ou même la figure étonnante du pirate téléphonique, qui en se branchant sur le réseau cuivré était en mesure d'espionner les conversations privées (Igo, 2018, p. 111).

11 « Bien sûr, l'ordinateur peut nous aider à tenir nos registres en assignant à chacun un numéro à la naissance, qui permettrait de l'identifier pour les besoins de la collecte de l'impôt, des opérations bancaires, de l'éducation, de la sécurité sociale, de la conscription, etc. […] Mais un tel Data Center représente aussi une sérieuse menace pour la liberté

Westin & Baker, 1972). L'assimilation des systèmes de gouvernement automatisés à des systèmes de surveillance repose sur le fait que la mise en œuvre de l'automatisation suppose des bases de données massives, et que donc la structure technique que cela requiert induit *de facto* un système de surveillance. En effet, ce « gouvernement automatique » ne pose pas tant problème, dans ce contexte, parce qu'il court-circuiterait les facultés subjectives et spirituelles dans la prise de décision politique, mais parce qu'il ne pourrait fonctionner que sur la base d'une accumulation de données considérable. Ce n'est donc pas tant l'automatisation en elle-même qui est crainte, que les « registres » (« *records* »), « fichiers » et « dossiers » (Wheeler, 1969 ; Miller, 1971 ; Laudon, 1986) dans lesquels les sujets se trouveraient exposés au regard surveillant – notons que la manière académique de désigner ces phénomènes, à l'époque, évoque encore l'image presque archaïque de l'espion équipé de son *recorder* ou du bureaucrate consciencieux qui tient des fiches sur chacun et chacune.

Là encore, il est possible de distinguer deux courants théoriques, deux manières de concevoir la tension normative entre automatisation du politique et vie privée : d'abord le *cadrage du problème dans les coordonnées normatives d'un libéralisme assez classique*, centré sur le rapport entre l'individu et l'État et la recherche du juste équilibre entre droits individuels et intérêt collectif; et ensuite, la remise en question de la conception du social que cela présuppose au profit d'une *analyse des effets de cette surveillance sur les structures sociales.*

Comme le résume très bien Miller en 1967, greffer un gigantesque centre de données à l'appareil de gouvernement, c'est exposer les sujets du pouvoir à « sa soif inaltérable d'information » et à « son incapacité à oublier ». Le premier élément, le besoin de collecte d'informations de ces systèmes automatisés, que Miller présente comme une « soif inaltérable », rejoint le thème libéral classique du risque d'illimitation du pouvoir de l'État. Si l'on considère, depuis Locke, notamment, que la légitimité de l'État dérive de la souveraineté principielle de l'individu, l'intérêt de l'État ne peut jamais l'emporter, *prima facie*, sur celui des individus qui sont ses sujets; les moyens de l'État doivent donc être

---

et la vie privée des individus. Avec sa soif inaltérable d'information, son incapacité à oublier quoi que ce soit qu'on ait enregistré en son sein, un ordinateur central pourrait bien devenir le cœur d'un système gouvernemental de surveillance qui dévoilerait nos finances, nos fréquentations, ou encore notre état de santé mentale et physique au regard d'enquêteurs gouvernementaux ou de simples observateurs » (Miller, 1967, nous traduisons).

toujours proportionnés aux bénéfices attendus pour ses sujets. Alors si l'efficacité des mécanismes de prise de décision est fonction de la quantité d'informations disponibles sur les individus, la tension entre l'individu et le pouvoir public doit se décliner sous la forme d'une opposition entre droit à la vie privée et surveillance.

Le droit à la vie privée est traditionnellement fondé sur l'idée qu'il est nécessaire de délimiter un domaine exclusif, propre à chaque individu, dans la mesure où toute intrusion perceptive, cognitive ou pratique d'autrui dans ce domaine représente soit, positivement, une violence (Warren & Brandeis, 1890, p. 205-206)[12], soit, négativement, une limitation imposée au développement de soi[13]. Ici, de manière assez représentative de la polémique qui monte à l'époque, Miller spécifie par le deuxième élément de son argument ce qui, dans la vie privée, est affecté par l'automatisation des décisions. Contrairement à la surveillance directement humaine, le regard de la machine, lui, ne blesse pas – il est trop impersonnel pour cela –; en revanche, il est incapable d'oublier. En mettant en avant l'élément temporel, cet argument, récurrent à l'époque, fonde la défense de la vie privée sur un des aspects du devenir individuel, dans une perspective très proche du libéralisme de Mill : si l'individualité n'est pas donnée mais doit être cultivée, si l'on n'est pas toujours déjà un individu mais qu'on le *devient*, alors il faut laisser à chacun et chacune la possibilité de devenir, d'évoluer, de se déprendre de ses engagements passés. La publicisation des paroles ou des actes tend à les attacher à leurs auteurs ou autrices comme s'il s'agissait des caractères objectifs de leur identité ; limiter leur publicité permet alors aux sujets de s'en détacher et de se réinventer. Le principe de fonctionnement inhérent à ces bases de données tendrait donc à figer définitivement cette possibilité du devenir individuel.

12 Ainsi, la vie privée a été définie comme « droit à être laissé tranquille » par Samuel Warren et Louis Brandeis en 1890 dans le droit états-unien sur la base d'un fait premier : le dommage infligé « aux pensées, aux sentiments et aux émotions », c'est-à-dire à l'intégrité morale, que représente l'intrusion du regard d'autrui dans l'intimité. Cette définition boiteuse a le mérite d'accorder du crédit à la gêne ou à la souffrance que l'on peut éprouver en étant exposé·e dans sa nudité, en entendant nos confidences trahies, etc.

13 C'est la justification explicite qu'en donne John Stuart Mill : « il n'y a que la culture de l'individualité qui puisse produire des êtres humains bien développés », et « l'individu n'a de comptes à rendre à la société que relativement à ce qui, dans sa conduite, concerne autrui » (Mill, 1977, p. 267 et 224, nous traduisons).

Le débat autour du National Data Center consiste donc dans un premier temps à opposer les droits de l'individu au gain d'efficacité et de sécurité de la décision politique automatisée : en général, l'automatisation fait craindre une extension indue du pouvoir de l'État (ou d'autres entités collectives, comme les entreprises) au détriment des libertés individuelles, et menace plus spécifiquement le droit des individus à évoluer sans être prisonniers de leurs actes passés. Là où la critique essentialiste appelle à la préservation de sphères d'activité authentiquement humaines, la critique libérale saisit donc le problème comme relevant d'abord de la défense de la liberté individuelle. Cette polarisation de la discussion, entre défense du libre développement de l'individu d'un côté, et sécurité ou efficacité des pouvoirs publics de l'autre, est là encore très intuitive et il n'est pas rare, aujourd'hui, de voir la question du pouvoir des algorithmes ou de l'« IA » formulée ainsi. Pourtant, ce système de coordonnées conceptuelles a assez vite été critiqué pour son incapacité à saisir des effets de pouvoir qui dépassent l'extension indue de l'État et l'atteinte aux libertés individuelles – ce que l'on a appelé le « tournant social » des théories de la vie privée (Mokrosinska, 2018, p. 125).

Dans les années qui suivent le scandale du National Data Center, les élaborations philosophiques du concept de *privacy* se multiplient, et si elles puisent systématiquement dans la tradition libérale, certaines cherchent, parfois avec difficulté, à y dégager un espace théorique suffisant pour considérer de potentiels effets de pouvoir supra-individuels. Il s'agit d'abord d'essayer de démontrer que certaines relations élémentaires (comme l'amour, la confiance, etc.) ont besoin de la distance de la vie privée pour se déployer (Fried, 1968), puis, plus généralement, que celle-ci assure à toutes les relations intersubjectives une part de prévisibilité rassurante (Rachels, 1975). Dans cette optique, la vie privée n'est pas tant une propriété de l'individu, qu'une propriété des relations intersubjectives, de l'intégrité des contextes relationnels – la référence est anachronique, mais il est éclairant d'en faire des « théories de l'intégrité contextuelle » (Nissenbaum, 2010).

Cette première extension du concept de vie privée n'aurait que peu de pertinence critique pour penser le rapport très impersonnel des « IA » aux données personnelles – sauf à envisager que les données produites soit ensuite instrumentalisées au profit de sujets humains pour exercer un pouvoir direct, mais on resterait alors sur un terrain conceptuel assez balisé. Ce qu'il est plus intéressant de mettre en avant, c'est que ce « tournant social » a également embrassé l'idée que la vie privée conditionne, non pas seulement les relations intersubjectives, mais aussi le pluralisme et la vitalité démocratique (Gavison, 1984), voire, dans des travaux plus tardifs, qu'elle qualifie la position des individus au sein des structures institutionnelles et des infrastructures techniques, bien au-delà des enjeux seulement intersubjectifs (Regan, 1995).

Ces divers compléments critiques ont en commun de complexifier le paysage conceptuel du libéralisme le plus individualiste – parfois réduit au simple face-à-face de l'individu et de l'État – au sein duquel se déploient les premières philosophies de la vie privée qui émergent avec la mise en débat du « gouvernement automatique ». Les générations théoriques qui suivent, tout en restant dans le cadre général des intuitions libérales, appellent à lui joindre une théorie sociale plus épaisse, qui accorde une place substantielle aux relations intersubjectives et aux rapports structurels aux côtés des individus et de l'État, puisque ces strates intermédiaires du social apparaissent à la fois comme le lieu à partir duquel on peut véritablement décrire la vie privée, et comme ce qui, au-delà de l'individu même, se trouve altéré par une atteinte à la vie privée.

La prise en compte des limites d'une critique libérale des dispositifs de gouvernement automatique qui serait trop centrée sur les droits individuels à la vie privée permettrait d'enrichir la réflexion contemporaine sur le pouvoir social et politique des médiations algorithmiques. Naturellement, la crainte d'une extension démesurée des capacités d'action des entreprises et de l'État reste tout à fait pertinente, de même qu'ancrer la critique sur la défense de la vie privée individuelle demeure fondée – d'autant plus que le droit à la vie privée est déjà bien inséré dans les appareils juridiques existants, ce qui permet des stratégies de régulation effectives. Néanmoins, une posture libérale trop étroitement individualiste rend invisible tout un ensemble de pathologies des rapports sociaux qui, à en croire ces travaux, font partie des principaux effets problématiques d'une médiation algorithmique des rapports sociaux et politiques. Le « tournant social » des théories de la vie privée appelle en effet à considérer les effets de la collecte et du traitement automatisé de données sur la strate du social entre l'individu et l'État, sur cette étoffe épaisse de liens intersubjectifs et de rapports structurels. Dans une telle perspective, celle d'un libéralisme doté d'une théorie sociale plus riche, il semble donc judicieux de réinvestir les thèmes classiques des risques de standardisation des conduites ou d'assèchement du processus délibératif, liés à la réduction des sphères d'activité qui échappent au regard du public – risques qui sont irréductibles à la seule défense des droits individuels et à la seule critique de l'extension indue des pouvoirs publics.

Un système de régulation sociale automatisé, fonctionnant par la capture et le traitement de données personnelles – un « système gouvernemental de surveillance », comme le présente Miller –, peut certes porter tort à l'individu et déséquilibrer son rapport à l'État ou aux entreprises, mais il peut donc aussi altérer le tissu social. Cet aspect est d'autant plus essentiel que l'exposition de nos données personnelles à un système d'« IA » qui est, lui, tout à fait impersonnel, n'induit certainement pas la même blessure que le dévoilement de son intimité à un tiers humain. Ce « tournant social » participe en réalité de la réactualisation du problème de la vie privée et de la surveillance en faveur de la prise en compte de toute l'étendue des effets de pouvoir suscités par un gouvernement par les données : se soucier du devenir des données personnelles de celles et ceux qui sont assujetti·es à un pouvoir algorithmique, c'est moins leur éviter l'expérience douloureuse du regard intrusif ou l'assignation à leur trajectoire passée – lesquels constituent la fondation traditionnelle du droit à la vie privée – qu'*interroger la manière dont les contextes relationnels ou les rapports structurels dans lesquels ils et elles évoluent risquent d'être reconfigurés par ce regard surveillant*[14]. Ce n'est pas une manière de révéler des expériences négatives inédites, mais simplement de pointer le fait que la redistribution du visible et de l'invisible induite par le besoin de traitement massif et automatisé de données personnelles peut avoir des conséquences à un niveau qui n'est traditionnellement pas examiné lorsqu'il est question de vie privée – à savoir des conséquences sur l'étoffe des liens sociaux qui dépassent l'atteinte à l'intégrité individuelle et

---

14 L'anthropologue Virginia Eubanks (2018) expose notamment comment la médiation technique appliquée à l'assistance sociale redéfinit le sens du travail social qu'elle médie, comme par exemple l'assistance aux personnes sans-abris ou l'aide sociale aux enfants victimes de violences : leurs droits individuels ne sont pas véritablement menacés par leur surveillance ; en revanche, l'automatisation contribue à leur faire intérioriser des normes de comportement qui ne seraient pas nécessairement reconnues et acceptées par les acteurs et actrices du travail social.

l'extension du pouvoir de l'État et des entreprises. Cet effort de la théorie libérale de la vie privée pour se doter d'une théorie sociale épaisse invite finalement à sortir franchement du cadre conceptuel libéral, ou tout au moins à lui joindre d'autres outils – cela dépasse le périmètre de cet article, mais pensons notamment aux concepts foucaldiens de surveillance disciplinaire ou de sécurité, qui visent précisément à cerner ces fonctionnement machiniques informationnels qui mettent en ordre le social en façonnant les individualités.

CONCLUSION

Le problème de la machine à gouverner – si on laisse de côté l'histoire des métaphores mécaniques du gouvernement (Agar, 2003, notamment chap. 1) – a traversé une partie du XXe siècle avant de nous parvenir. En suivant ses métamorphoses, il apparaît que certaines des stratégies critiques qui sont aujourd'hui les plus intuitives portent en fait avec elles toute une histoire conceptuelle, dont on ne réalise pas toujours combien elle est encombrante. Ainsi, lorsque l'on considère que l'IA » pourrait nous déposséder de certaines facultés essentielles, on doit y entendre l'écho des polarités essentialisantes qui structurent la querelle du machinisme en Europe de l'Ouest dans la première moitié du siècle. De même, lorsque l'on concentre la critique sur l'enjeu de la vie privée, on repose les coordonnées libérales du débat sur l'automatisation du politique qui avait animé les États-Unis dans les années 1960-1970.

Outre une plus grande conscience des présupposés de ces grammaires critiques, ce détour historique vise surtout à en identifier les points aveugles, comme l'ont fait les théoriciens et théoriciennes qui ont posé le problème du pouvoir et des machines informationnelles avant nous. De la synthèse de ces critiques, nous pouvons dégager une orientation générale. Il s'agirait d'abord de se départir de deux réflexes conceptuels, deux polarisations encombrantes : poser l'algorithme, l'« IA », comme une substance distincte et inhumaine – le terme d'« IA » en fait presque un sujet autonome, ce qui favorise inévitablement ce genre de projections –, et la penser dans le cadre du face-à-face de l'individu et de l'État. L'humanisme très essentialisant de tout un pan de la querelle du machinisme s'est avéré incapable de reconnaître que *la tension ne résidait pas réellement entre le propre (spirituel, politique) de l'humain et sa négation par la technique, mais entre la réciprocité et la non-réciprocité des rapports que l'humain entretient avec lui-même par la médiation de la technique.* De même, le libéralisme spontané des adversaires National Data Center a conduit à *enfermer la discussion dans un jeu de balancier entre droits de l'individu et État, liberté et sécurité*, alors que la capture, le stockage et le traitement automatisé des informations nécessaire à l'automatisation de la décision risque aussi d'avoir des *effets sur la dynamique des relations intersubjectives et sur les structures sociales* – c'est-à-dire sur toute cette épaisseur du social que l'attention aux droits individuels peine à embrasser. La question de savoir quel est l'étalon normatif qui permet d'établir qu'une dynamique relationnelle est négative ou qu'un rapport à son milieu technique est disharmonieux est un problème en soi ; néanmoins, ces pistes critiques resteraient inaudibles dans le cadre des polarités conceptuelles trop binaires de l'humanisme essentialiste et du libéralisme le plus individualisme.

Par-delà leurs spécificités, ces deux contre-courants théoriques ont en commun de mettre en avant le poids de la technique dans la détermination du lien social, et plus fondamentalement dans la constitution de l'humain. Faute de pouvoir en explorer les ramifications ontologiques et politiques ici, contentons-nous d'en tirer une conclusion simplement méthodologique : ces objets techniques singuliers que sont les « IA » ne peuvent être pensés et évalués qu'à l'interface avec les sciences sociales et les savoirs situés des sujets qu'ils affectent. En effet, là où un outil simple peut être conçu *in abstracto*, détaché de tout contexte précis, les « IA » qui posent la question du pouvoir sont avant tout un certain mode d'être des rapports sociaux : par définition, elles ne peuvent être pensées que dans leur concrétude, qu'avec le tissu social au sein duquel elles dessinent un motif, qu'avec les fils qu'elles relient. La désintégration d'un contexte de relations intersubjectives ou la dysharmonie du rapport d'un collectif humain à lui-même sont des sujets d'enquête privilégiés pour la sociologie critique ou la psychodynamique, par exemple. Cela ne veut pas dire que, dans ce registre, la technique n'a rien de substantiel, que sa couleur propre se dissout dans la grisaille du social qui la soutient. Dans la mesure où elle ne fait pas simplement *face à* l'individu humain mais qu'elle est une médiation de son activité, de son rapport à lui-même, à ses produits et à autrui, on ne peut en comprendre le sens sans comprendre celui des activités et des rapports qu'elle médiatise.

Marc-Antoine PENCOLÉ
Université Paris Cité / ETREs
(CRC)

BIBLIOGRAPHIE

Agar, J. (2003). *The Government Machine : A Evolutionary History of the Computer.* Boston : MIT Press.

Bergson, H. (1984). *Les deux sources de la morale et de la religion* (1932). Paris : PUF.

Bernanos, G. (1947). *La France contre les robots.* Paris : Robert Laffont.

Boutang, P. (1956). Bilan et avenir. *La Parisienne.*

Dubarle, D. (1948, 28 décembre). Vers la machine à gouverner … *Le Monde.*

Dubarle, D. (1950). Idées scientifiques actuelles et domination des faits humains. *Esprit, 171*(9), 296-317.

Eubanks, V. (2018). *Automating Inequality : How High-Tech Tools Profile, Police and Punish the Poor.* New York : St. Martin's Press.

Febvre, L. (1934). Machinisme et civilisation. *Annales d'histoire économique et sociale,* 6 (28), 397-399.

Feenberg, A., & Callon, M. (2014). *Pour une théorie critique de la technique* (V. Dassas & I. Arnaq, Trad.). Montréal : Lux.

Fried, C. (1968). Privacy. *The Yale Law Journal,* 77(3), 475.

Friedmann, G. (1945). L'homme et le milieu naturel : Panorama du nouveau milieu (1939). *Annales d'histoire sociale,* 103-116.

Friedmann, G. (1946). *Machine et humanisme II. Problèmes humains du machinisme industriel.* Paris : Gallimard.

Friedmann, G. (1950). *Humanisme du travail et humanités : Pour l'unité de l'enseignement.* Paris : Armand Colin.

Gavison, R. (1984). Privacy and the Limits of Law (1980). In F. D. Schoeman, *Philosophical Dimensions of Privacy : An Anthology* (p. 346-402). New York : Cambridge University Press.

Igo, S. E. (2018). *The Known Citizen : A History of Privacy in Modern America.* Cambridge MA : Harvard University Press.

Isaac, J. (1922). Paradoxe sur la science homicide. *La Revue de Paris.*

Jarrige, F. (2014). *Technocritiques : Du refus des machines à la contestation des technosciences.* Paris : La Découverte.

Laudon, K. C. (1986). *Dossier Society : Value Choices in the Design of National Information Systems.* New York : Columbia University Press.

Macy Jr., J. W. (1966, juillet 23). Automated Government. *The Saturday Review,* 23-24.

Marcel, G. (1951). *Les hommes contre l'humain.* Paris : Fayard ; Vieux Colombier.

Mill, J. S. (1977). On Liberty. In J. M. Robson (Éd.), *The Collected Works of John Stuart Mill, Volume XVIII – Essays on Politics and Society Part I* (p. 213-310). Toronto : University of Toronto Press.

Miller, A. R. (1967, novembre). The National Data Center and Privacy. *The Atlantic.*

Miller, A. R. (1971). *The Assault on Privacy : Computers, data banks, and dossiers.* Ann Arbor, Mich. : The University of Michigan Press.

Mokrosinska, D. (2018). Privacy and Autonomy : On Some Misconceptions Concerning the Political Dimensions of Privacy. *Law and Philosophy*, *37*(2), 117-143. DOI : 10.1007/s10982-017-9307-3.

Mounier, E. (1948). *La Petite Peur du XXe siècle.* Boudry-Neuchâtel : Éditions de la Baconnière.

Nissenbaum, H. F. (2010). *Privacy in Context : Technology, Policy, and the Integrity of Social Life.* Stanford, CA : Stanford Law Books.

Rachels, J. (1975). Why Privacy is Important. *Philosophy & Public Affairs*, *4*(4), 323-333.

Regan, P. M. (1995). *Legislating Privacy : Technology, Social Values, and Public Policy.* Chapel Hill : The University of North Carolina Press.

Siegfried, A. (1955). *Aspects du XXe siècle.* Paris : Hachette.

Triclot, M. (2008). *Le moment cybernétique : la constitution de la notion d'information.* Seyssel : Champ Vallon.

Triclot, M. (2010). La machine à gouverner : Une dystopie à la naissance de l'informatique. In R. Belot & L. Heyberger (Éds.), *Prométhée et son double : Craintes, peurs et réserves face à la technologie.* Neuchâtel : Alphil. p. 197-212.

Warren, S. D., & Brandeis, L. D. (1890). The Right to Privacy. *Harvard Law Review*, *4*(5), 193-220.

Weil, S. (1955). Réflexion sur les causes de l'oppression et de la liberté sociale. In *Oppression et liberté.* Paris : Gallimard.

Westin, A. F. (1967). *Privacy and Freedom.* New York : Atheneum.

Westin, A. F., & Baker, M. A. (Éds.). (1972). *Databanks in a free society : Computers, record-keeping, and privacy.* New York : Quadrangle Books.

Wheeler, S. (Éd.). (1969). *On Record : Files and Dossiers in American Life.* New York : Russell Sage Foundation.

BIAIS, INTELLIGENCE ARTIFICIELLE ET TECHNOSOLUTIONNISME[1]

La préoccupation pour l'existence de « biais » dans les technologies informatiques n'est pas nouvelle (Friedman, Nissenbaum 1996), mais prend aujourd'hui une importance majeure dans un contexte de numérisation croissante et de développement de technologies dites « d'intelligence artificielle » (IA). Elle est au cœur de la proposition de règlement européen sur l'IA (Commission européenne, 2021), et plusieurs outils d'audit ont été développés dans le but d'identifier et réduire les « biais » dans les systèmes d'IA (SIA) (Saleiro *et al.*, 2019 ; Bellamy *et al.*, 2019).

Pourtant, à l'instar de l'expression « intelligence artificielle » (Benbouzid, Meneceur, Smuha, 2022), le concept de « biais » s'avère fondamentalement ambigu. Celui-ci n'est pas toujours clairement défini, et les définitions varient d'un article à l'autre. Ainsi, le mot « biais » peut être employé aussi bien pour regretter un manque de diversité parmi les informaticiens (Collet, 2021), la non-représentativité des bases de données (Shankar *et al.*, 2017 ; Barbu *et al.*, 2019), ou encore l'existence de stéréotypes implicites dans les modèles de langue (Nissim, van Noord, van der Goot, 2020). Il existe en effet non pas un, mais des biais en IA (parfois qualifiés de « biais algorithmiques »), dont les revues de la littérature proposent diverses taxonomies.

Citons en particulier l'article de (Hovy, Prabhumoye, 2021) qui décrit cinq sources de biais influençant la conception d'un système de traitement automatique du langage naturel[2]. Tout d'abord, le choix des

---

1 Cet article est le fruit du travail scientifique qui est mené dans le cadre de la chaire « éthique & IA » soutenue par l'institut pluridisciplinaire en intelligence artificielle MIAI@Grenoble Alpes (ANR-19-P3IA-0003).

2 Le choix de cet article, ainsi qu'une partie des exemples qui suivent, ont été inspirés par la table ronde « Le biais est-il dans le texte ? » tenue le 17 juin 2022 dans le cadre de l'évènement Deep Voice organisé par l'Ircam, Sorbonne Université, et SCAI, et faisant

données d'apprentissage engendre un biais de sélection (*selection bias*) : ainsi, un modèle entraîné uniquement à partir d'archives journalistiques se révèle peu performant pour traiter certaines structures grammaticales, telle que la seconde personne du singulier, car le « tu » et le « vous » n'apparaissent pas, ou seulement de façon très marginale, dans les textes sélectionnés. Il existe également un biais d'annotation (*label bias*), lié au fait que ces données doivent être catégorisées « intelligemment » par des êtres humains, le but de l'apprentissage machine étant de parvenir à faire imiter cette catégorisation. Bien sûr, il y a plusieurs manières d'annoter une même donnée, et les annotateurs ne sont pas toujours d'accord : cela peut poser problème dans le cas de la modération automatique par exemple, où un même énoncé peut être considéré comme injurieux, ou non, en fonction de la subjectivité de l'annotateur. Un troisième type de biais est le biais sémantique (*semantic bias*), qui émerge des corrélations non désirées établies par le modèle statistique. C'est ce biais qui conduit en anglais à associer le mot non genré « nurse » au mot « woman », puisque les femmes sont bien plus représentées dans le milieu infirmier que les hommes ; mais cette association est généralement considérée comme indésirable, car relevant d'un stéréotype. Hovy et ses collègues mentionnent également un biais lié aux limites du modèle (*bias from model*), qui englobe des enjeux liés aux usages de ces systèmes : nécessité de mise à jour du modèle pour s'adapter à de nouveaux utilisateurs, risque de suramplification des biais (*overamplification bias*), et manque de transparence sur la fiabilité des calculs effectués. Enfin le biais de conception de la recherche (*bias from research design*), parfois appelé en français « syndrome du lampadaire », renvoie à des enjeux de financement et de ressources alloués au développement de l'IA : les chercheurs sont incités à travailler sur des sujets déjà explorés, plutôt qu'à s'attaquer à des problématiques nouvelles. Ce biais est notamment à l'origine de l'hégémonie de l'anglais dans les modèles de langue, car les chercheurs sont fortement incités à poursuivre les travaux déjà existants pour être reconnus dans leur domaine et toujours à la pointe de la technologie.

La revue de littérature de (Mehrabi *et al.*, 2022) propose une grille de lecture différente : plutôt qu'un modèle linéaire qui suit les différentes étapes de conception d'un SIA, les chercheurs proposent un modèle

intervenir les chercheurs Éric de la Clergerie (Inria), Djamé Seddah (Sorbonne Université), Aurélie Névéol (Université Paris-Saclay) et Laure Soulier (Sorbonne Université).

dynamique d'émergence des biais, à partir des interactions entre les données, l'algorithme et l'utilisateur. À chaque interface, ils identifient une liste de biais potentiels. Ce modèle permet de mieux saisir en quoi consiste le phénomène de « suramplification des biais » : l'algorithme biaisé oriente les comportements des utilisateurs, qui génèrent de nouvelles données biaisées, qui elles-mêmes vont servir à mettre à jour l'algorithme. Leur taxonomie contient en tout dix-neuf biais, ainsi que dix définitions mathématiques distinctes du concept d'équité pouvant servir de norme pour évaluer et corriger ces biais.

Dans cet article, nous souhaitons proposer une nouvelle manière d'aborder la question des biais à l'échelle macroscopique, en définissant le biais comme écart par rapport à une norme, et en analysant les enjeux soulevés par le choix de cette norme. Après des considérations d'ordre étymologique visant à retracer l'origine de l'usage du mot « biais » dans le domaine de l'IA, nous nous intéresserons à trois familles de discours sur les biais : les discours épistémologique, cognitif et socio-historique. Dans chaque cas, nous mettrons en évidence la norme à laquelle il est fait référence, ainsi que l'existence de discours pouvant être qualifiés de technosolutionnistes ou technocratiques ; c'est-à-dire prônant une forme de gouvernement dominé par les SIA et ses experts techniques.

BIAIS : UN MOT « FOURRE-TOUT » ET D'USAGE RÉCENT EN FRANÇAIS

D'après le Trésor de la Langue Française informatisée, le mot « biais » serait apparu en français vers 1250. Il s'agit probablement d'un emprunt à l'ancien provençal (langue d'oc), issu du latin *biaxius* « qui a deux axes ». Son utilisation est d'abord limitée au domaine de la couture, où la locution adverbiale « de biais » signifie « coupé en diagonale ». Ce n'est qu'au XVIe siècle qu'il apparaît sous forme d'adjectif comme synonyme d'oblique, et sous forme de substantif : au sens propre pour désigner une forme oblique, et au sens figuré, pour désigner un travers, un moyen de résoudre un problème, ou un aspect d'une chose.

C'est grâce à son emprunt par la langue anglaise vers 1520 que le mot « *bias* » gagne en popularité (*Online Etymology Dictionary*). Il s'agit initialement d'un terme technique, utilisé dans le cadre du jeu de quilles pour décrire des boules mal équilibrées qui ont tendance à dévier de la direction de lancer. Dès 1570, il est également utilisé dans un sens psychologique, pour décrire une tendance à la partialité, c'est-à-dire une préférence ou une antipathie qu'un individu manifeste pour une autre personne, un sujet ou une chose. Vers 1610, apparaît le verbe anglais « *bias* » qui signifie « donner un biais », au sens propre et au sens figuré.

Aujourd'hui, le mot « biais » connaît un retour en France via la littérature scientifique internationale où il apparaît dans des publications extrêmement variées : en biologie, physique des matériaux, économie, ingénierie électrique, psychiatrie, sciences du climat... Une deuxième entrée est ainsi mentionnée par le dictionnaire Larousse, comme issue de l'anglais « *bias* », mais celle-ci renvoie uniquement au domaine de la statistique[3]. Cet usage est également mentionné par le dictionnaire Le Robert, qui ajoute une définition issue de la psychologie sur laquelle nous reviendront par la suite : « biais cognitif ». En revanche, son usage dans le domaine de l'IA n'est pas encore attesté par ces deux dictionnaires.

Le sens du mot « biais » est donc particulièrement ambigu et dépend du contexte culturel dans lequel il est employé : par la suite, nous verrons trois manières dont il peut être interprété dans le domaine de l'IA.

---

3 Nous ne parlerons pas en détail de ce type de biais dans cet article. En effet, si un modèle d'IA est bien un modèle statistique, le biais statistique est défini dans le cadre de la théorie de l'estimation, qui s'intéresse à des modèles où les paramètres ont une signification physique ou biologique. Ils peuvent représenter un poids, une taille, une constante d'absorption etc. Le biais est alors l'écart entre la valeur « réelle » du paramètre, et l'estimation que l'on peut espérer obtenir à partir d'une expérience scientifique. Au contraire, dans le cas d'un réseau de neurones artificiels par exemple, les paramètres du modèle (les poids de chaque neurone) n'ont pas de sens individuellement. Ce ne sont que des degrés de liberté qui permettent d'ajuster une fonction de prédiction jusqu'à ce que celle-ci permette d'obtenir les performances souhaitées.

BIAIS MÉTHODOLOGIQUE ET CROYANCE EN L'OBJECTIVITÉ DES DONNÉES « BRUTES »

Une première manière d'aborder les biais est sous l'angle méthodologique. En effet, le but du *machine learning* étant d'entraîner une fonction de prédiction à réaliser une tâche donnée, ses performances dépendent de la qualité des données utilisées. C'est le fameux adage « *Garbage in, garbage out* ». Ainsi, (Shah, Schwartz, Hovy, 2019) définissent le biais comme « écart entre a) la distribution "réelle" ou attendue (des utilisateurs, étiquettes ou résultats) et b) la distribution utilisée ou produite par un modèle[4] ». La norme à laquelle il est fait référence ici est donc celle de la vérité scientifique, mise en œuvre dans et par le SIA.

Or, on constate dans le domaine de l'innovation technologique la prédominance d'une vision « positiviste », selon laquelle il existe des faits objectifs et indépendants de l'observateur[5]. Ainsi, le rédacteur en chef du magazine *Wired*, spécialisé dans l'impact sociétal des nouvelles technologies, prophétisait en 2008 la fin de la théorie scientifique du fait du développement du *Big Data* : il serait bientôt possible de se passer de modèle scientifique, la vérité émergeant spontanément de l'immense quantité de données disponibles (Anderson, 2019). Si tous les chercheurs en IA ne partagent pas cette vision des choses, l'accroissement de la quantité de données utilisées pour entraîner les SIA et améliorer leurs performances constitue néanmoins une tendance lourde du domaine, en dépit de ses conséquences écologiques (Couillet, Trystram, Ménissier, 2022) et scientifiques (Bender *et al.*, 2021).

Face à cet attrait pour le Big Data, le champ des *critical data studies* souligne qu'il n'existe pas de données « brutes » (Iliadis, Russo, 2016 ; Zacklad, Rouvroy, 2021). En effet, celles-ci sont toujours produites par un système sociotechnique qui sélectionne les données disponibles et produit une vision déformée de la réalité. Par exemple, dans le cas de la reconnaissance d'images, les bases de données utilisées (généralement

4 « Differences between (a) a "true" or intended distribution (e.g., over users, labels, or outcomes), and (b) the distribution used or produced by the model. »

5 Voir (Greenhalgh, Russell 2010) pour une comparaison entre l'approche « positiviste » et l'approche « critique-interprétative » dans le domaine de l'évaluation des technologies de e-santé.

constituées à partir de photos récupérées sur internet), bien que massives, ne sont en aucun cas représentatives de la réalité du monde. Au contraire, elles sont généralement très stéréotypées en termes d'objet photographié, de cadrage, de fond, et d'angle de vue, car le photographe réalise toujours une sélection, pas seulement a posteriori, mais dès la photographie elle-même (Barbu *et al.*, 2019). En conséquence, les performances de ces algorithmes dans le cas d'applications (en robotique par exemple) sont bien plus modestes.

Une partie des problèmes identifiés comme des biais correspondent en réalité à un décalage entre les usages du dispositif prévus et testés pendant la phase de conception, et les usages réels. On peut faire le parallèle avec les concepts développés par le psychologue américain et théoricien de l'expérimentation sociale Donald Campbell (Campbell, 1957 ; Jatteau, 2021), qui distingue la validité interne d'une expérience scientifique et sa validité externe. La validité interne concerne la confiance que l'on peut accorder à un résultat scientifique. Autrement dit, la question est de savoir si l'expérience réalisée permet bien de tirer des conclusions scientifiques, ou si les données expérimentales sont fondamentalement biaisées. Elle dépend de la méthode employée et du contrôle de différents biais méthodologiques, tels que le biais d'échantillonnage lié au choix des individus étudiés. La validité externe concerne la possibilité de généraliser les résultats expérimentaux en dehors du contexte limité de l'étude. C'est cette généralisation qui pose problème en IA ; notamment du fait du réemploi de code ou de bases de données disponibles, mais non adaptées à l'application visée.

BIAIS COGNITIF ET FANTASME DE L'ORDINATEUR RATIONNEL

Une deuxième manière de définir le biais en IA est de s'appuyer sur le concept de biais cognitif, proposé initialement par les psychologues Kahneman et Tversky. Ces derniers ont développé dans les années 1970 un modèle de la pensée « à deux vitesses », basé sur deux modes de raisonnement distincts : le système 1 et le système 2 (Kahneman, 2012).

Le système 1 repose sur des heuristiques, c'est-à-dire des raccourcis de pensées qui permettent un raisonnement rapide, intuitif, mais biaisé. Au contraire, le système 2, plus lent et plus coûteux, représente le raisonnement logique et rationnel. Dans ce contexte, le biais cognitif est défini comme une erreur de jugement systématique et prévisible, qui va influencer de manière inconsciente les comportements des individus. La norme est cette fois celle de la rationalité, mais restreinte à un calcul utilitariste (Gigerenzer, 2018) : par exemple, un participant va être jugé biaisé si au cours d'un jeu d'argent ses choix ne permettent pas de maximiser ses gains.

On retrouve des traces de l'influence de ce concept en IA. En effet, les biais cognitifs peuvent être mobilisés pour expliquer les choix des développeurs, des annotateurs, ou des utilisateurs (Srinivasan, Chander, 2021). Un modèle statistique peut également être jugé biaisé par anthropomorphisme. Ainsi, le mathématicien Jean-Michel Loubes définit le biais comme une information non pertinente, mais qui influence malgré tout le résultat d'un algorithme de décision (Loubes, 2022).

Ce concept a connu un succès considérable dans le domaine de l'économie et de la politique. En effet, il permet de concevoir un modèle alternatif à celui de l'*homo economicus*, qui considère chaque individu comme un être rationnel et prenant des décisions dans le but de maximiser ses bénéfices. Au contraire, Kahneman et Tversky invitent à étudier expérimentalement les limites de la rationalité humaine. En hommage à leurs travaux fondateurs de l'économie comportementale, Kahneman s'est vu décerner le prix de la Banque de Suède en sciences économiques en mémoire d'Alfred Nobel en 2002.

Dans les années récentes, ce concept a été mobilisé en France pour expliquer les grands enjeux contemporains. Les biais cognitifs seraient ainsi responsables des mouvements « complotistes » (Commission Gérald Bronner, 2022), de la crise environnementale (Bohler, 2019), ou encore du consentement massif des internautes à livrer leurs données personnelles aux géants du numérique (CNIL, 2019). La dénonciation des biais est donc dans l'air du temps, et pas seulement dans le domaine de l'IA. Ces discours relèvent cependant d'une forme de réductionnisme, car l'analyse se fait uniquement sous l'angle de la déviance psychologique individuelle, au mépris des approches sociologique et historique (Delaporte, 2022 ; Atelier d'Écologie Politique de Toulouse, 2022 ; Hupé, Lamy, Saint-Martin, 2021).

Il faut également souligner qu'il existe une interprétation naturaliste des biais cognitifs, qui, malheureusement, est souvent présentée comme un fait scientifique. Ainsi, les biais cognitifs seraient le produit de l'évolution, ou plutôt d'une inadéquation entre nos conditions de vie contemporaines et celles dans lesquelles l'espèce humaine a évolué pendant des milliers d'années (Haselton, Nettle, Murray, 2015). Cette affirmation manque de prudence, et relève probablement d'une forme d'anthropocentrisme, car la plupart des études en psychologie et en neurosciences sont réalisées avec des cohortes de sujets très particuliers, non représentatifs de la population mondiale (Henrich, Heine, Norenzayan, 2010). Cette vision naturaliste des biais cognitifs a notamment inspiré la théorie du « paternalisme libertarien » : puisque les individus sont le plus souvent incapables de prendre des décisions rationnelles, mais qu'il faut néanmoins préserver leur liberté de choix, alors la solution consiste à orienter, à leur insu, leurs prises de décisions dans la « bonne » direction par le recours à des *nudges* (Thaler, Sunstein, 2003). Pour Barbara Stiegler, les « biais cognitifs » ne sont donc pas seulement un objet de recherche scientifique, mais bien le concept fondateur d'une nouvelle anthropologie néolibérale antidémocratique (Stiegler, 2022).

Ce paternalisme est également dénoncé par le psychologue Gerd Gigerenzer, critique des travaux de l'économie comportementale qu'il juge systématiquement biaisés (méthodologiquement) en faveur des biais. Il établit un lien entre ce discours et la promotion des algorithmes (Gigerenzer, 2018). En effet, Kahneman ne déplore pas seulement l'existence de biais systématiques, mais également la part de variabilité dans les jugements humains, ce qu'il appelle le « bruit » (Kahneman *et al.*, 2016). L'avantage considérable de l'algorithme serait d'être « sans bruit », bien que potentiellement biaisé : la décision algorithmique étant le produit d'un calcul, les mêmes données d'entrée fournissent systématiquement les mêmes résultats. Ainsi, un algorithme bien conçu ne laisserait pas de place à l'erreur en éliminant le « facteur humain », c'est-à-dire toute forme de subjectivité ou d'inconstance dans la prise de décision.

Cette position « techno-optimiste » qui érige le calcul algorithmique en modèle de rationalité paraît incongrue au regard de la profusion d'articles dédiés au problème des biais en IA. En effet, l'intelligence artificielle telle qu'elle existe à l'heure actuelle n'a rien de rationnel : en reprenant l'analogie proposée par Kahneman et Tversky, on pourrait dire qu'elle n'est que du « système 1 », qu'un système d'heuristiques a priori. C'est ce que suggère cet autre extrait de l'article de (Shah, Schwartz & Hovy, 2019) : « Les biais sont une propriété inhérente du TAL (et plus largement de tout modèle statistique) mais ce n'est pas en soi négatif. En substance, les biais sont des connaissances a priori qui informent nos décisions[6] » .

Pour autant, certains soutiennent qu'il serait possible de « débiaiser » les SIA, ou du moins de faire en sorte qu'ils soient moins biaisés qu'un humain moyen. C'est par exemple le cas de Jennifer T. Chayes, chercheuse et anciennement directrice d'un institut de recherche de Microsoft (Chayes, 2017). Le constat de l'existence de biais dans l'IA permet donc paradoxalement de justifier son déploiement massif, au lieu d'inviter à penser des modèles alternatifs. Précisons cependant que contrairement à Kahneman, la norme qui intéresse Chayes n'est pas celle de la rationalité (au sens restrictif de l'*homo economicus*), mais celle de l'équité, puisqu'il s'agit d'éviter que l'algorithme reproduise des comportements racistes ou sexistes (lesquels n'ont rien d'irrationnels du point de vue économique puisqu'ils procurent un avantage au groupe dominant). Cela nous amène à traiter un troisième type de biais : le biais socio-historique.

BIAIS SOCIO-HISTORIQUE ET HÉGÉMONIE CULTURELLE

Un des principaux risques éthiques identifiés dans le déploiement des SIA est le risque lié aux discriminations (Jobin, Ienca, Vayena, 2019 ; Groupe d'experts de haut niveau sur l'intelligence artificielle, 2019 ; Binns, 2018). Ainsi, (Mehrabi *et al.*, 2022) qualifient par exemple les biais de « sources d'inéquité[7] ». Cependant la réduction de ces biais soulève de nombreux enjeux à la fois techniques et politiques.

---

6 « Bias may be an inherent property of any NLP system (and broadly any statistical model), but this is not per se negative. In essence, biases are priors that inform our decisions. »

7 « Source of unfairness »

Tout d'abord, il n'existe pas de consensus sur la définition de l'équité, et les différentes définitions mathématiques proposées pour évaluer et corriger les SIA se révèlent incompatibles. Par exemple, il semble impossible de respecter à la fois une équité individuelle (principe méritocratique) et une équité de groupe (principe de parité) (Friedler, Scheidegger, Venkatasubramanian, 2016). Les mesures de correction des biais peuvent même amplifier la sous-représentation de certaines parties de la population si les différents « attributs à protéger » sont considérés de manière indépendante. Ainsi, un modèle statistique privilégiant uniquement les hommes racisés et les femmes blanches serait considéré comme non biaisé dans une logique non intersectionnelle, bien qu'il discrimine les hommes blancs et les femmes racisées (Carvalho, Pradelski, Williams, 2022). De plus, ces approches nécessitent de connaître les motifs de discriminations qui pèsent sur chaque individu, et posent donc problèmes concernant le respect de la vie privée (Jobin, Ienca, Vayena, 2019), mais aussi l'autodétermination des utilisateurs, qui n'ont pas forcément leur mot à dire sur les attributs qui leur sont imposés ou les catégories prises en compte par le SIA. Dans le cas où ces attributs sont déclaratifs, les personnes peuvent être placées face à un dilemme : révéler qu'elles font partie d'un groupe minorisé afin d'être mieux prises en compte, ou mentir pour éviter d'être stigmatisées. C'est ce que les chercheuses Catherine D'Ignazio et Lauren Klein appellent le paradoxe de l'exposition[8] en prenant l'exemple des personnes « sans-papiers » et des personnes trans, qui risquent en révélant leur statut de s'exposer à diverses formes de violence (D'Ignazio, Klein, 2020).

Pour certaines applications, comme les moteurs de recherche d'images, l'enjeu n'est d'ailleurs peut-être pas que les résultats soient représentatifs de la population globale, mais qu'ils soient adaptés à l'utilisateur. Ainsi, des chercheurs de Google ont suggéré de recourir non seulement à une mesure de la « diversité » des jeux de données, mais également à une mesure de l'« inclusivité », qui permettrait par exemple dans les résultats d'une recherche d'images de présenter plus de photos correspondant au genre ou à la couleur de peau de l'utilisateur (Mitchell *et al.*, 2020). La norme est cette fois celle d'une société idéale, définie par les concepteurs, et éventuellement personnalisée pour chaque utilisateur.

8 « Paradox of exposure »

En réalité, tout SIA est porteur d'une vision du monde, qui va contraindre les usages des utilisateurs. Cette vision du monde peut être imposée de manière explicite et volontaire par les entreprises, par exemple lors de l'établissement de règles de modération de contenu sur les plateformes numériques ; ou de façon plus pernicieuse : ainsi, le système de génération de texte GPT-3 a tendance à mettre en avant des valeurs typiques de la culture américaine telles que le droit au port d'armes, sans que ses concepteurs y soient nécessairement favorables, mais simplement du fait du corpus de texte utilisé pour entraîner le système (Johnson *et al.*, 2022). De plus, comme le souligne (Bender *et al.*, 2021), un SIA est par nature conservateur, car prendre en compte les évolutions de la société nécessiterait de mettre à jour la base de données et de relancer une phase de tests, ce qui représente un coût financier et écologique important, en particulier dans le cas des SIA les plus volumineux. Le risque, une fois le système jugé conforme aux normes éthiques du moment, est donc de figer cette norme pour une durée indéterminée. À titre de mise en garde, rappelons que les systèmes informatiques de bon nombre d'administrations reposent encore sur des lignes de code écrites en Cobol, langage de programmation créé en 1959 et considéré comme désuet aujourd'hui.

CONCLUSION ET PERSPECTIVES

Le « biais » en IA est un concept flou et ambigu, qui évoque à la fois des problématiques épistémologiques, des notions de sciences cognitives vulgarisées et des enjeux de justice sociale. Ces trois visions du biais renvoient à des définitions et des systèmes de normativité bien différents : biais comme écart à une norme scientifique, comme écart à la rationalité économique, ou comme écart à une société idéale.

À première vue, la reconnaissance de l'existence de biais en IA semble être une manière de reconnaître la non-neutralité de ces systèmes. Pourtant, cette reconnaissance s'accompagne souvent d'une promesse trompeuse, celle de pouvoir « débiaiser » le dispositif. Or en pratique, ce « débiaisage » consiste en réalité à « rebiaiser » le modèle, mais selon des normes fixées par les concepteurs. Ceci constitue une illustration de la « Petite éthique », dénoncée par (Hunyadi, 2015), ou de l'« éthique externe » décrite par (Zacklad, Rouvroy, 2021) : il s'agit d'adapter à la marge un dispositif technique selon des normes et des valeurs prédéfinies afin de limiter ses impacts négatifs, mais sans remettre en cause son bien-fondé. Or, les questions fondamentales sont en réalité de savoir pourquoi on cherche à automatiser cette tâche, quelles sont les ressources qu'on est prêt à investir pour cela, au profit de qui, comment les comportements indésirables du SIA seront gérés, et même, dans certains cas, si l'automatisation est seulement possible (Raji *et al.*, 2022). Ce sont ces questions qui devraient être posées en priorité, mais que les discours habituels sur l'éthique de l'IA ont tendance à délaisser pour se focaliser uniquement sur les manières d'améliorer les SIA.

Dans l'attente d'une définition claire et admise du « biais » en IA, il serait préférable de préciser de quel type de biais il est question, ou d'utiliser un concept alternatif. (D'Ignazio, Klein, 2020) proposent par exemple de substituer au concept de « biais » celui d'« oppression », afin de souligner que le véritable enjeu est celui des inégalités de pouvoir au sein de la société. Inspirées par le mouvement féministe intersectionnel, elles invitent à transformer les pratiques des sciences des données pour les rendre plus participatives et sensibles au contexte.

Ambre Davat
Université Grenoble Alpes / IPhiG

BIBLIOGRAPHIE

Anderson, C. (2019). La fin de la théorie. Le déluge de data rend la méthode scientifique obsolète. Trad. Dauzat, P.E. *Le Débat*. 2019. Vol. 207, nº 5, p. 119-122. DOI : 10.3917/deba.207.0119.

Atelier d'écologie politique de Toulouse (2022). Pourquoi détruit-on la planète ? Les dangers des explications pseudo-neuroscientifiques. *Mediapart* [en ligne]. 7 juillet 2022. (Consulté le 16 août 2022). Disponible à l'adresse : https://blogs.mediapart.fr/atelier-decologie-politique-de-toulouse/blog/070722/pourquoi-detruit-la-planete-les-dangers-des-explications-pseudo-neurosc

Barbu, A., Mayo, D., Alverio, J., Luo, W., Wang, C., Gutfreund, D., Tenenbaum, J. & Katz, B. (2019). ObjectNet : A large-scale bias-controlled dataset for pushing the limits of object recognition models. In : *Advances in Neural Information Processing Systems* [en ligne]. Curran Associates, Inc. 2019. (Consulté le 9 septembre 2022). Disponible à l'adresse : https://proceedings.neurips.cc/paper/2019/hash/97af07a14cacba681feacf3012730892-Abstract.html

Bellamy, R. K. E., Mojsilovic, A., Nagar, S., Ramamurthy, K. N., Richards, J., Saha, D., Sattigeri, P., Singh, M., Varshney, K. R., Zhang, Y., Dey, K., Hind, M., Hoffman, S. C., Houde, S., Kannan, K., Lohia, P., Martino, J. & Mehta, S. (2019). AI Fairness 360 : An extensible toolkit for detecting and mitigating algorithmic bias. *IBM Journal of Research and Development*. 1 juillet 2019. Vol. 63, nº 4/5, p. 4:1-4:15. DOI : 10.1147/JRD.2019.2942287.

Benbouzid, B., Meneceur, Y., Smuha, N. A. (2022). Quatre nuances de régulation de l'intelligence artificielle. *Réseaux*. 2022. Vol. 232233, nº 2, p. 29-64.

Bender, E. M., Gebru, T., Mcmillan-major, A., Shmitchell, S. (2021). On the Dangers of Stochastic Parrots : Can Language Models Be Too Big ? 🦜. In : *Proceedings of the 2021 ACM Conference on Fairness, Accountability, and Transparency* [en ligne]. New York, NY, USA : Association for Computing Machinery. 1 mars 2021. p. 610-623. (Consulté le 8 décembre 2022). FAccT '21. ISBN 978-1-4503-8309-7. Disponible à l'adresse : DOI 10.1145/3442188.3445922

Binns, R. (2018). Fairness in Machine Learning : Lessons from Political Philosophy. In : *Proceedings of the 1st Conference on Fairness, Accountability and Transparency* [en ligne]. PMLR. 21 janvier 2018. p. 149-159. (Consulté le 22 août 2022). Disponible à l'adresse : https://proceedings.mlr.press/v81/binns18a.html

Bohler, S. (2019). *Le bug humain* [en ligne]. Robert Laffon. (Consulté le 16 août 2022). Disponible à l'adresse : https://livre.fnac.com/a12957507/Sebastien-Bohler-Le-bug-humain

Campbell, D. T. (1957). Factors relevant to the validity of experiments in social settings. *Psychological Bulletin*. 1957. Vol. 54, n° 4, p. 297-312. DOI : 10.1037/h0040950.

Carvalho, J.-P., Pradelski, B., Williams, C. (2022). *Affirmative Action with Multidimensional Identities* [en ligne]. SSRN Scholarly Paper. 30 mars 2022. Rochester, NY. 4070930. (Consulté le 21 septembre 2022). Disponible à l'adresse : https://papers.ssrn.com/abstract=4070930

Chayes, J. (2017). How machine learning advances will improve the fairness of algorithms. *Huffington Post*, 23 août 2017. (Consulté le 12 avril 2023). Disponible à l'adresse : https://www.huffpost.com/entry/how-machine-learning-advances-will-improve-the-fairness_b_599d8de8e4b056057bddcfc3

CNIL (2019). *La forme des choix : données personnelles, design et frictions désirables* [en ligne]. (Consulté le 18 juillet 2022). *Cahiers IP, Innovation & Prospective*. N° 6. Disponible à l'adresse : https://linc.cnil.fr/sites/default/files/atoms/files/cnil_cahiers_ip6.pdf

Collet, I. (2021). Femmes et intelligence artificielle. Enjeux éthiques, enjeux de société. *Quelques réflexions 50 ans après le suffrage des femmes*. 2021. p. 211-247.

Commission européenne (2021). *Proposition de règlement du Parlement Européen et du Conseil sur l'IA* [en ligne]. 21 avril 2021. (Consulté le 15 décembre 2021). Disponible à l'adresse : https://eur-lex.europa.eu/resource.html?uri=cellar:e0649735-a372-11eb-9585-01aa75ed71a1.0020.02/DOC_1&format=PDF

Commission Gérald Bronner (2022). *Les Lumières à l'ère numérique* [en ligne]. (Consulté le 21 juillet 2022). Disponible à l'adresse : https://www.elysee.fr/admin/upload/default/0001/12/0f50f46f0941569e780ffc456e62faac59a9e3b7.pdf

Couillet, R. Trystram, D. et Ménissier, Th. (2022). The Submerged Part of the AI-Ceberg (Perspectives). *IEEE Signal Processing Magazine*. septembre 2022. Vol. 39, n° 5, p. 10-17. DOI : 10.1109/MSP.2022.3182938.

Delaporte, L. (2022). Complotisme : les angles morts du débat. *Mediapart* [en ligne]. 26 février 2022. (Consulté le 21 juillet 2022). Disponible à l'adresse : https://www.mediapart.fr/journal/culture-idees/260222/complotisme-les-angles-morts-du-debat

D'Ignazio, C., Klein, L. (2020). 4. What Gets Counted Counts. In : *Data Feminism* [en ligne]. (Consulté le 10 février 2023). Disponible à l'adresse : https://data-feminism.mitpress.mit.edu/pub/h1w0nbqp/release/3

D'Ignazio, C., Klein, L. (2020). 2. Collect, Analyze, Imagine, Teach. In : *Data Feminism* [en ligne]. (Consulté le 4 mars 2022). Disponible à l'adresse : https://data-feminism.mitpress.mit.edu/pub/ei7cogfn/release/2

Friedler, S.A., Scheidegger, C., Venkatasubramanian, S. (2016). On the (im) possibility of fairness. *arXiv:1609.07236 (cs, stat)* [en ligne]. 23 septembre 2016. (Consulté le 7 avril 2022). Disponible à l'adresse : http://arxiv.org/abs/1609.07236

Friedman, B., Nissenbaum, H. (1996). Bias in computer systems. *ACM Transactions on Information Systems (TOIS)*. 1996. Vol. 14, n° 3, p. 330-347. DOI : 10.1145/230538.230561.

Gigerenzer, G. (2018). The bias bias in behavioral economics. *Review of Behavioral Economics*. 2018. Vol. 5, n° 3-4, p. 303-336. DOI : 0.1561/105.00000092.

Greenhalgh, T., Russell, J. (2010). Why Do Evaluations of eHealth Programs Fail ? An Alternative Set of Guiding Principles. *PLOS Medicine*. 2 novembre 2010. Vol. 7, n° 11, p. e1000360. DOI : 10.1371/journal.pmed.1000360.

Groupe d'experts de haut niveau sur l'intelligence artificielle (2019). *Lignes directrices en matière d'éthique pour une IA digne de confiance* [en ligne]. LU : Office des publications de l'Union européenne. (Consulté le 22 septembre 2022). ISBN 978-92-76-12004-9. Disponible à l'adresse : https://data.europa.eu/doi/10.2759/74304KK-02-19-841-FR-N

Haselton, M. G., Nettle, D., Murray, D. R. (2015). The Evolution of Cognitive Bias. In : *The Handbook of Evolutionary Psychology* [en ligne]. John Wiley & Sons, Ltd. p. 1-20. (Consulté le 20 juillet 2022). ISBN 978-1-119-12556-3.

Henrich, J., Heine, S. J., Norenzayan, A. (2010). Most people are not WEIRD. *Nature*. juillet 2010. Vol. 466, n° 7302, p. 29-29. DOI : 10.1038/466029a.

Hunyadi, M. (2015). *La tyrannie des modes de vie. Sur le paradoxe moral de notre temps*. Lormont : Le Bord de l'eau.

Hupé, J.-M., Lamy, J., Saint-Martin, A. (2021). Effondrement sociologique ou la panique morale d'un sociologue. *Politix*. Vol. 134. N° 2. p. 169-193. DOI : 10.3917/pox.134.0169.

Iliadis, A., Russo, F. (2016). Critical data studies : An introduction. *Big Data & Society*. 1 décembre 2016. Vol. 3, n° 2, p. 2053951716674238. DOI : 10.1177/2053951716674238.

Jatteau, A. (2021). Chapitre 2. Le développement des expérimentations sociales aléatoires. In : *Faire preuve par le chiffre ? : Le cas des expérimentations aléatoires en économie* [en ligne]. Vincennes : Institut de la gestion publique et du développement économique. p. 133-222. Gestion publique. (Consulté le 13 janvier 2023).

Jobin, A., Ienca, M., Vayena, E. (2019). The global landscape of AI ethics guidelines. *Nature Machine Intelligence*. septembre 2019. Vol. 1, n° 9, p. 389-399. DOI : 10.1038/s42256-019-0088-2.

Johnson, R.L., Pistilli, G., Menédez-gonzález, N., Duran, L. D. D., Panai, E., Kalpokiene, J., Bertulfo, D. J. (2022). The Ghost in the Machine has an American accent : value conflict in GPT-3. *arXiv preprint arXiv:2203.07785*. 2022.

Kahneman, D. (2012). *Système 1/Système 2 : Les deux vitesses de la pensée*. Paris : Flammarion.

Kahneman, D., Rosenfield, A. M, Gandhi, L., Blaser, T. (2016). Noise : How to Overcome the High, Hidden Cost of Inconsistent Decision Making. *Harvard Business Review*. Octobre 2016. p. 9. (Consulté le 11 avril 2023). Disponible à l'adresse : https://hbr.org/2016/10/noise.

Loubes, J.M. (2022). Bias in artificial intelligence. [en ligne]. SMAC 2022. 28 février 2022. (Consulté le 21 juillet 2022). Disponible à l'adresse : https://www.youtube.com/watch?v=0eBEjTvagGo

Mehrabi, N., Morstatter, F., Saxena, N., Lerman, K., Galstyan, A. (2022). *A Survey on Bias and Fairness in Machine Learning* [en ligne]. 25 janvier 2022. arXiv. arXiv:1908.09635. (Consulté le 1 juillet 2022). Disponible à l'adresse : http://arxiv.org/abs/1908.09635

Mitchell, M., Baker, D., Moorosi, N., Denton, Emily, Hutchinson, B., Hanna, A., Gebru, T., Morgenstern, J. (2020). Diversity and Inclusion Metrics in Subset Selection. In : *Proceedings of the AAAI/ACM Conference on AI, Ethics, and Society* [en ligne]. New York, NY, USA : Association for Computing Machinery. 7 février 2020. p. 117-123. (Consulté le 17 août 2022). AIES '20. DOI : 10.1145/3375627.3375832

Nissim, M., Van Noord, R., Van der Goot, R. (2020). Fair Is Better than Sensational : Man Is to Doctor as Woman Is to Doctor. *Computational Linguistics*. juin 2020. Vol. 46, nº 2, p. 487-497. DOI : 10.1162/coli_a_00379.

Raji, I. D., Kumar, I. E., Horowitz, A., Selbst, A., 2022. The Fallacy of AI Functionality. In : *2022 ACM Conference on Fairness, Accountability, and Transparency* [en ligne]. New York, NY, USA : Association for Computing Machinery. 20 juin 2022. p. 959-972. (Consulté le 6 décembre 2022). FAccT '22. ISBN 978-1-4503-9352-2. DOI : 10.1145/3531146.3533158

Saleiro, P., Kuester, B., Hinkson, L., London, J., Stevens, A., Anisfeld, A.,Rrodolfa, K.T., Ghani, R. (2019). Aequitas : A Bias and Fairness Audit Toolkit. *arXiv:1811.05577 (cs)* [en ligne]. 29 avril 2019. (Consulté le 7 avril 2022). http://arxiv.org/abs/1811.05577

Shah, D., Schwartz, H. A., Hovy, D. (2019). Predictive biases in natural language processing models : A conceptual framework and overview. *arXiv preprint arXiv:1912.11078*. 2019.

Shankar, S., Halpern, Y., Breck, E., Atwood, J., Wilson, J., Sculley, D. (2017). *No Classification without Representation : Assessing Geodiversity Issues in Open*

Data Sets for the Developing World [en ligne]. 22 novembre 2017. arXiv. arXiv:1711.08536. (Consulté le 22 août 2022). http://arxiv.org/abs/1711.08536

Srinivasan, R., Chander, A. (2021). Biases in AI systems. *Communications of the ACM*. août 2021. Vol. 64, n° 8, p. 44-49. DOI : 10.1145/3464903.

Stiegler, B. (2022). L'idéologie des biais cognitifs. [en ligne]. Bibliothèques de Bordeaux. 11 mai 2022. (Consulté le 27 juin 2022). Disponible à l'adresse : https://www.youtube.com/watch?v=Z71oV00aqxk

Thaler, R. H., Sunstein, C. R., (2003). Libertarian paternalism. *American economic review*. 2003. Vol. 93, n° 2, p. 175-179. DOI : 10.1257/000282803321947001.

Zacklad, M., Rouvroy, A. (2021). Enjeux éthiques situés de l'IA. In XXIIe Congrès de la Société française des sciences de l'information et de la communication. « Sociétés et espaces en mouvement », Grenoble. Juin 2021. (Consulté le 11 avril 2023). Disponible à l'adresse : https://sfsic2020.sciencesconf.org/333916/document

L'UTOPIE EXTROPIENNE, MILIEU DE CULTURE DE LA BLOCKCHAIN

« *Vires in numeris* » est une devise souvent associée au bitcoin. S'agit-il, comme le suggèrent Primavera de Filippi et Benjamin Loveluck, d'une référence ironique à la devise « *In God we Trust* », ce qui signerait la dimension éminemment politique du bitcoin (De Filippi & Loveluck, 2016, p. 15) ? En tout cas, cette devise peut s'entendre de deux façons. Si ce sont les nombres qui font la force du Bitcoin, s'agit-il de la capacité calculatoire ou du grand nombre de ses utilisateurs ? Cette ambivalence reflète bien le projet d'une monnaie qui a été pensée d'une nature différente des autres monnaies.

Le Bitcoin n'est pas n'importe quelle utopie technique et le dispositif qui lui permet d'exister, la blockchain, ne peut être totalement déchargé de ce qu'implique le fait de permettre une monnaie. Une monnaie n'est jamais seulement un instrument d'échange, elle est aussi un lien social adossé à une communauté (Orléan, 2019, p. 49). Pierre Bourdieu décrivait ainsi la monnaie comme « du fiduciaire organisé, de la confiance organisée, de la croyance organisée, de la fiction collective reconnue comme réelle par la croyance et devenant de ce fait réelle » (Bourdieu, 2012, p. 70). Cette dimension est bien présente dès les débuts du Bitcoin dont l'utilisation a été présentée à ses usagers comme équivalente à l'intégration d'une communauté. Le Bitcoin n'est ainsi pas seulement une monnaie numérique, mais aussi tout ce qui l'entoure : des forums, des discussions, des proclamations, des manifestes, un ensemble d'images, un vocabulaire, peut-être même une grammaire. Le Bitcoin est sans doute par bien des aspects une « expérience communautaire » construite autour d'une « fiction collective » censée être alternative à celle de l'État. La blockchain et le Bitcoin ont été développés dans un « milieu de culture » singulier, porteur du projet de changer les dynamiques de pouvoir existantes entre les individus et l'État, y compris dans les dimensions biologiques de l'individu. Analyser ce milieu singulier apparaît comme un détour nécessaire pour comprendre les cryptomonnaies, mais aussi la blockchain qui leur permet d'exister.

Bien souvent, et à raison, le rôle des réseaux cypherpunks et cryptolibertariens est mis en avant pour décrire les origines des cryptomonnaies (Loveluck, 2015). Cette approche permet de rendre justice à la façon dont le libéralisme américain a cherché à penser politiquement ce nouveau domaine de l'activité humaine : internet. Mais ce cadre est-il encore adapté pour penser cette utopie particulière qu'est la cryptomonnaie ? La question se pose lorsqu'on considère le rôle majeur joué par une mouvance singulière parmi ces sous-cultures californiennes : Extropy, le premier mouvement transhumaniste organisé. Si ces réseaux californiens sont poreux, si aucun ne peut prétendre avoir le monopole de cette utopie technique, il n'empêche que le seul déterminant commun aux pionniers de la blockchain est l'appartenance, pour des motivations diverses, à la sphère du mouvement Extropy. Créé à la fin des années 1980 en Californie, il a réussi à mettre en œuvre ce que d'autres avaient seulement théorisé. En effet, si l'identité de Satochi Nakamoto – l'individu (ou le groupe) créateur du Bitcoin – demeure inconnue, les fondements techniques du Bitcoin ont été largement posés par des figures bien identifiées et importantes du mouvement extropien. L'analyse de la liste de diffusion extropienne, du magazine Extropy et du réseau extropien replacé dans le contexte culturel californien des années 1970 au début des années 2000, ainsi que l'étude des textes fondateurs, permettent de baliser la nature et la logique d'un dispositif technologique qui se veut vecteur et réalisation d'un programme à la fois politique et métapolitique.

Quelles sont les relations exactes entre le transhumanisme extropien et cette technologie ? Quelle place prend la blockchain dans la vision de la technique développée par les extropiens ? De quelles conceptions du pouvoir la blockchain est-elle investie par ses concepteurs ? Dans quelle mesure ces conceptions sont-elles implémentées dans la blockchain ?

LA CRYPTOMONNAIE, UTOPIE CALIFORNIENNE

Avant les années 1970, la cryptographie était principalement pratiquée en secret par des agences militaires ou d'espionnage et appartenait à ce titre à la catégorie XIII de la liste des munitions américaines … Mais cela a changé avec la publication par le gouvernement américain de la norme de cryptage des données et de la mise au point de techniques de chiffrement simples au cours des années 1970 (Levy, 2002). Pour la première fois, une personne disposant de ressources informatiques modestes pouvait chiffrer un message d'une manière opaque aux autorités. La « cryp » devenait alors un outil utilisable par tous. En 1985, l'informaticien David Chaum (fondateur de l'International Association for Cryptologic Research) décrit les possibilités offertes de développer des systèmes garantissant l'anonymat des usagers (Chaum, 1985). En 1989, il lance le projet DigiCash qui s'insérait dans le système bancaire traditionnel et permettait à ses utilisateurs de retirer des billets électroniques auprès de leur banque sans qu'elle ait connaissance des individus concernés.

La trajectoire de la cryptographie vers ces projets de cryptomonnaies indépendantes de toute structure étatique est bien conforme à ce que Benjamin Loveluck écrit de l'informatique en général :

> dénoncée à l'origine comme l'une des incarnations les plus poussées de l'aliénation de l'individu par la technique, une machine impersonnelle servant les intérêts de la bureaucratie ou de l'État l'informatique) est devenue dans un retournement singulier l'un des principaux outils au service de l'émancipation individuelle permettant également, dans un même mouvement, d'assumer collectivement la déliaison entre les êtres qui en résulte. (Loveluck, 2015, p. 242).

Au moment où l'appropriation d'internet commence à s'étendre, la monnaie électronique suscite l'intérêt de multiples acteurs californiens. En effet, le projet de David Chaum est largement discuté au début des années 1990 dans les milieux motivés par la défense du cyberespace, comme en témoigne l'article de Stephen Levy dans *Wired* (Levy, 1994), mais aussi le magazine *Mondo 2000*, les multiples listes de diffusions de tous ceux qui, autour de la baie de San Francisco, utilisaient internet et Usenet. Sur la liste cypherpunk, commentant les travaux de Chaum, Hal

Finney, dans un message souvent partagé dans les archives et sur les listes de diffusion de cryptographie, pose le problème clairement : « Nous voici confrontés aux problèmes de la perte de confidentialité, de l'informatique trompeuse, des bases de données massives, de l'augmentation de la centralisation – et Chaum propose une direction à suivre complètement différente, une direction qui met le pouvoir entre les mains des individus plutôt que celles des États et des grandes entreprises. L'ordinateur peut être utilisé comme un outil pour libérer et protéger les personnes, plutôt que pour les contrôler. » (Finney, 1992) Dans ce creuset californien, le projet de cryptomonnaie se dote d'une armature idéologique structurée au moment où se reconfigurait plus largement le libéralisme en se donnant une dimension sociotechnique nouvelle.

En effet, le programme de la « Nouvelle économie », qui voyait internet comme un nouveau champ d'extension du capitalisme libéral, est rapidement remis en question d'abord par le mouvement *hacker* et celui des logiciels libres, contestant un second mouvement d'enclosure à travers la multiplication des brevets et autres limitations. Ces années 1990 ont vu l'émergence du cyberlibertarianisme, notamment incarné dans la revue *Wired*. Pour ces libéraux radicaux, qui cherchent à étendre la logique du marché à tous les aspects de la vie sociale, la sphère économique et sociale est un « organisme » auto-organisé où la circulation de l'information est cruciale : l'automatisation intégrale que laisse espérer internet est évidemment reçue comme une bonne nouvelle. Ils mobilisent souvent les thèses de Richard Dawkins sur les *mème*s comme entités culturelles. À leurs yeux, internet est à la fois l'occasion et le dispositif d'une révolution culturelle majeure, apportant leur soutien aux néolibéraux, comme en témoignent la « Déclaration d'indépendance du cyberespace » de John Perry Barlow en 1996 : l'autonomie individuelle doit être protégée de toute ingérence étatique, le cyberespace doit demeurer autonome. C'est au sein de cette mouvance que d'autres sensibilités se développent, comme le mouvement *cypherpunk* qui regroupe des *hackers* mobilisés pour défendre un usage libre de la cryptographie, imaginant l'avènement d'une « cryptoanarchie ». Tim May compare la « crypto » à l'invention de l'imprimerie, ou à un coupe-fil qui « démantèlera les barbelés autour de la propriété intellectuelle » (May, 1992). C'est dans ce contexte que de nombreux projets comme Wikipédia, Wikileaks, les systèmes de partage *peer-to-peer* et les cryptomonnaies ont vu le jour.

Dans cette nébuleuse, le groupe qui a le plus continûment travaillé et porté le projet d'une cryptomonnaie, qui l'a véritablement « mis en culture » jusqu'à permettre sa mise en œuvre n'est pas le plus massif ni le plus visible. Il se distingue aussi par son approche globale : la question de la circulation de l'information n'est qu'un élément de la refonte complète de l'existence humaine défendue par le mouvement extropien.

UNE IDÉE CULTIVÉE EN EXTROPY

Fondé en 1988 par Max More et Tom Bell, Extropy a été le premier mouvement transhumaniste à se structurer. Pour mieux comprendre son système de pensée, dont nous ferons le pari de la cohérence, il convient de savoir un peu qui sont les extropiens. Une analyse des adresses e-mail de la liste extropienne permet d'identifier la moitié des membres du réseau Extropy, et de caractériser les deux tiers d'entre eux au moment de son émergence, à l'hiver 1991-1992, une année avant qu'il ne fasse à la cryptomonnaie une place centrale dans son programme. Sans surprise, il s'agit d'un réseau masculin dont la plupart ont un lien professionnel avec l'informatique. Il est possible d'identifier trois sous-ensembles parmi les contributeurs, plus ou moins actifs, de cette liste de diffusion.

Les plus nombreux appartiennent à un ensemble dont le centre est le physicien Éric Drexler, alors en pleine gloire pour avoir « inventé » les nanotechnologies notamment grâce à son best-seller *Engins de création* (Drexler, 1986). La liste extropienne compte des membres de groupes intéressés par les nanotechnologies et la colonisation spatiale, notamment en lien avec l'association L5 dont Drexler a été un des principaux animateurs dans les années 1986-1989 (Damour, 2018a). À cela se rajoutent des membres du projet Xanadu fondé et dirigé par Ted Nelson où Drexler a travaillé en 1988 (Drexler & Miller, 1988). On peut aussi rattacher un ensemble d'informaticiens, souvent spécialisés dans la cryptographie. On les trouve aussi dans des listes de diffusion de « cryptographes », dont certains appartiennent à la mouvance *cypherpunk* en gestation (Extropy, 1990-1991). Ces listes de diffusion sont en partie professionnelles : y sont discutées des questions techniques et aussi des utopies comme les cryptomonnaies. On peut relever le nombre important d'acteurs liés à l'industrie du Web naissante : des membres exécutifs du projet Xanadu ; Jean-François Groff, étroit collaborateur au CERN de Tim Berners-Lee et Robert Cailliau ; Mike Linksvayer, créateur de Creative Commons ; Lee Daniel Cooker, un des architectes de Wikipédia ; sans parler de Julian Assange qui a un temps fréquenté la liste de diffusion… L'autre ensemble est polarisé par Max More : milieux cryoniques dès les années 1980, membres de l'University of Southern California où FM-2030, membres du laboratoire de robotique et d'intelligence artificielle d'Hans Moravec …

Extropy est donc un mixte d'une part de personnalités et institutions reconnues sur le plan académique ou économique et d'autre part de mouvements marginaux comme la cryonie. Cet assemblage hétéroclite est polarisé autour de trois horizons d'attente, trois techno-utopies elles aussi en quête de reconnaissances officielles. Il n'est sans doute pas anodin pour notre propos de noter le rôle central tenu par Ralph Merkle, le seul à appartenir aux différents ensembles. Qu'un des principaux architectes des blockchains et des cryptomonnaies soit à l'articulation des trois techno-utopies portées par Extropy – les cryptomonnaies ; les nanotechnologies drexleriennes ; la cryonie – est significatif que les trois sont intrinsèquement liées : il n'est pas possible de comprendre la cryptomonnaie selon Extropy sans la confronter aux deux autres technologies spéculatives qui, aux yeux des extropiens, portent en germe la société à venir.

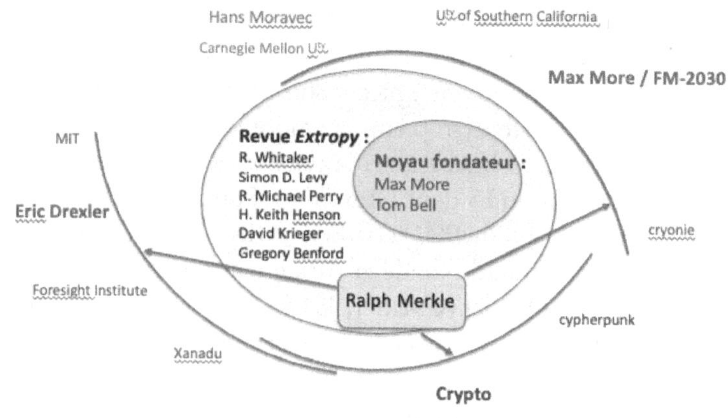

FIG. 1 – Les trois cercles d'Extropy à ses débuts, schéma de l'auteur, archives personnelles.

Les extropiens cherchent à renverser la dynamique entropique. Cette formulation n'a rien de métaphorique à leurs yeux. L'extropie consiste, pour l'être humain, à surmonter les limites de sa condition biologique, par l'augmentation de l'ensemble de ses capacités physiques et cognitives, par l'éradication des mécanismes du vieillissement, par la colonisation spatiale au moyen des nouvelles technologies (cryonie, manipulations génétiques, transmutation du corps en cyborg, etc.) et d'une nouvelle vision du monde qui doit s'incarner dans un style de vie radicalement neuf. Concrètement, Extropy est un mouvement animé par une douzaine de membres actifs qui diffuse ses idées à travers une liste de diffusion, une publication, des conférences et compte sans doute quelques centaines de sympathisants à la fin des années 1990.

Extropy constitue par bien des aspects une avant-garde du transhumanisme (Damour, 2018b). Les modalités de sa militance ont largement influencé la suite du mouvement transhumaniste : formalisation des positions sous forme de charte commune (les Principes extropiens anticipant la Déclaration transhumaniste, etc. avec sa FAQ) ; penchant pour la spéculation sur les évolutions technologiques plutôt que pour les pratiques ; souci de se positionner en *think tank* pour influencer le débat public. Ses positions, aujourd'hui encore, servent d'étalon au sein du transhumanisme, soit pour s'y conformer, soit pour s'en distancier.

Extropy fait de la cryptographie un enjeu majeur au cours de l'hiver 1992-1993. Elle prend place parmi d'autres techno-utopies, comme les nanotechnologies, la cryonie, la vie artificielle, etc. L'idée d'une « cryp » est discutée sur la liste de diffusion extropienne à partir de novembre 1992, suscitant de multiples échanges entre Tim May, Nick Szabo, Hall Finney, Charlie Stross, Sasha Chislenko, autant de noms que l'on retrouve aussi sur les autres listes de cryptographie ou de la toute jeune mouvance cypherpunk. *Extropy*, le magazine du mouvement, publie une série d'articles sur le sujet, avec notamment un article d'Hal Finney (« Protecting Privacy with Electronic Cash » au printemps 1993), une interview de Mark Miller, l'article où Nick Szabo théorise pour la première fois l'idée de « smart contract », notion clef de la blockchain (Extropy, 1993, 1995 et 1996). Les extropiens continuent à spéculer sur cette technique, avec autant d'assiduité que sur la cryonie, comme en témoignent les rassemblements baptisés Extro. Ainsi, en juin 2001, « Extro 5 » propose à San José (Californie) une série d'interventions autour de la « *privacy* » avec Mark Miller, Nick Szabo, Lee Daniel Crocker…

Mais le réseau fait plus que s'y intéresser de façon théorique. Certains de ses membres élaborent le dispositif technique sur lequel s'appuiera le futur Bitcoin. On peut dénombrer ainsi les éléments constitutifs du dispositif technique du Bitcoin (De Filippi, 2018, p. 15-30) :

1. Une base de données décentralisée,
2. Le chiffrement à double clef,
3. Les fonctions de « hachage »,
4. Les fonctions de minage,
5. Un processus de consensus distribué,

Les éléments 3 et 4 ont été élaborés par des acteurs majeurs du réseau extropien.

La fonction de « hachage » s'appuie sur les « arbres de Merkle ». Inventée en 1979 par Ralph Merkle, cette technique utilise une fonction de hachage pour créer une structure de données en arborescence, où chaque nœud possède sa propre empreinte numérique, laquelle est générée à partir du « hash » des empreintes numériques de tous les nœuds qui en découlent. Ce mécanisme permet de vérifier de façon plus efficace l'intégrité de larges bases de données. Bitcoin utilise les arbres de Merkle pour organiser les transactions au sein de chaque bloc de la chaîne, où chaque transaction peut être identifiée de façon unique grâce à son empreinte numérique. Ralph Merkle est une figure éminente du mouvement extropien, au carrefour de tous les réseaux qui le composent.

Les fonctions de minage ont été peu à peu élaborées à l'occasion de divers projets, dont le HashCash d'Adam Back et les systèmes de paiement électronique BitGold et B-money, conçus respectivement par Nick Szabo et Wei Dai en 1998. B-money a été théorisé dans un article de Wei Dai, cité par Nakamoto dans le livre blanc du Bitcoin : il utilise pour l'émission de la monnaie le principe de « preuve de travail » développé par Adam Back pour sécuriser les mails, Wei Dai proposant de récompenser ce travail par l'émission d'une monnaie virtuelle. La même année Nick Szabo décrit BitGold dont l'émission est déterminée par la puissance de calcul dépensée pour résoudre une équation mathématique. Cependant, BitGold introduit un nouvel élément qui permet au réseau de fonctionner de façon asynchrone : la solution de chaque équation devient une partie intégrante de la prochaine équation à résoudre, produisant ainsi une série de transactions qui s'enchaînent les unes les autres de façon chronologique. BitGold présente déjà la plupart des briques techniques avec lesquelles Bitcoin s'est construit. Nick Szabo et Wei Dai sont des membres très actifs du réseau extropien.

Un prototype fonctionnel de monnaie virtuelle a été développé en 2004 par Hal Finney. C'est une figure de la « cryp » : il a travaillé avec Phil Zimmermann sur Pretty Good Privacy ou PGP, le premier outil de cryptage puissant disponible gratuitement, et a conçu le modèle de « réseau de confiance » du logiciel pour vérifier l'identité des utilisateurs de PGP. Finney est lié aux cypherpunks et extropiens, publiant activement sur la liste de diffusion et dans la revue. Finney a repéré le livre blanc sur le Bitcoin de Satoshi Nakamoto sur une liste de diffusion de cryptographie en 2008 et a immédiatement commencé à échanger des courriels avec lui, l'aidant finalement à déboguer son code, à effectuer ses premiers tests de transaction.

L'hypothèse qu'Hal Finney ou Nick Szabo soit l'énigmatique Nakamoto a été souvent avancée et discutée. Au-delà de la validité de ces hypothèses, elles valent reconnaissance de leur rôle et donc d'Extropy dans la création de Bitcoin. Ce rôle n'est pas exclusif : l'idée de la « cryp » appartient au Zeitgeist californien et le Bitcoin ne peut pas être rattaché de façon exclusive à Extropy. Il n'empêche que la « mise en culture » assurée par les extropiens est à interroger et évaluer.

UNE MONNAIE POUR EXTROPY

Le sociologue Nigel Dodd a fait valoir à plusieurs reprises que l'on devrait considérer le Bitcoin et la blockchain comme « une techno-utopie » (Dodd, 2018 et 2017) : quels en sont les principes ? Cultiver une utopie technologique peut prendre des sens bien différents. La cryptomonnaie a ainsi été défendue par Tim May, fondateur du mouvement cypherpunk, pour des raisons partagées par nombre d'acteurs de ce milieu californien : défendre la vie privée, protéger l'anonymat, tenir l'État à distance. Il s'agissait déjà des motivations de David Chaum, au début des années 1980. Toutes ces perspectives politiques ont été analysées par Benjamin Loveluck avec précision. Les perspectives extropiennes sont-elles identiques à celles des cypherpunk ? S'agit-il seulement pour eux de proposer avec cette monnaie les moyens de « couper les barbelés » de l'État ?

Une première motivation est d'ordre stratégique. En effet, les extropiens sont pris dans une situation contradictoire. La plupart sont pleinement intégrées dans des structures majeures (entrepreneuriales ou académiques) de l'industrie informatique qui se restructuraient alors autour d'internet. En même temps, ils n'arrivent pas à écrire le futur technologique dont ils rêvent. Cette contradiction accompagne chacune de leurs utopies clefs. La cryonie a d'abord été défendue auprès des instances académiques dans les années 1960, ses thuriféraires espérant que l'essor des biotechnologies la rendrait rapidement possible, ne se résolvant à l'expérimenter eux-mêmes au sein d'organisations parallèles qu'à partir des années 1970. Pareillement, le programme défendu par Éric Drexler pour faire des nanotechnologies une rupture fondamentale a au début suscité un certain intérêt des instances académiques et politiques. Il a été utilisé dans les discours officiels qui accompagnent la création de l'industrie nanotechnologique, pour finalement servir d'épouvantail éthique et marginaliser son principal défenseur (Damour, 2018a). Pour ces *outsiders* de l'intérieur, la possibilité de développer une monnaie propre s'est imposée comme un moyen de surmonter cette contradiction entre leur insertion dans les institutions et leur incapacité à y faire reconnaître leur projet. Comme le note Nick Szabo à l'automne 1993, « si nous ne créons pas de modèles commerciaux crypto-anarchiques viables pour mettre de notre côté une partie des ressources mondiales, toute la rhétorique politique du monde ne servira pas à grand-chose » (Szabo, 1993 b).

Les motivations, parmi les extropiens, pour développer une cryptomonnaie sont donc fortement liées à son potentiel disruptif. Ce n'est pas tant la rupture avec la monnaie étatique en tant que telle, comme finalité, que l'émancipation de l'imaginaire utopique qu'elle apporte, d'abord pour des raisons pratiques. Hal Finney est emblématique de cette position. Celui qui sera un des principaux artisans de la finalisation du Bitcoin au début des années 2000 défend la nécessité d'une cryptomonnaie sur la liste de diffusion extropienne depuis les années 1990. Il mobilise parfois des arguments de type crypto-libertarien, exprimant une défiance à l'égard des médiations étatiques. Mais l'essentiel de sa motivation est lié à son intérêt pour la cryonie. Comme Robert Ettinger en 1962, Finney se demande comment financer dans la durée le coût d'une cryogénisation. Ettinger misait en 1962 sur la pérennité du dollar, sur une croissance perpétuelle et la fiabilité d'un fidéicommis (Ettinger, 1964). Évidemment, le monde économique des années 1990 ne permettait plus de faire de tels paris et une autre solution, alternative, devait être trouvée. Si la cryonie au temps de ses fondateurs Robert Ettinger et Evan Cooper pouvait paraître comme une forme d'accomplissement du « rêve américain », avec l'avènement d'une « société du frigo » comme le décrivait de façon à la fois amusée et sérieuse R. Ettinger, elle ne peut plus compter sur le soutien de l'État trente ans plus tard[1]. Dans un mail de 2001, Finney défend sur la liste extropienne de projet de cryptomonnaie pour sa capacité à créer un système monétaire stable détaché de tout élément matériel (sic) en réduisant la monnaie à ce qu'elle est : une information (Finney, 2002). À ses yeux, la technique garantit une pérennité de façon bien plus efficace que les institutions collectives. En mobilisant les catégories de Patrice Flichy, on pourrait poser qu'au cours des années 1990, la « cryp » a été un « objet-valise » porteur d'une « utopie de rupture » apte à fournir les moyens de réaliser le programme extropien (Flichy, 2001). Un tel programme étant en rupture avec les institutions en place, avec la morale commune, il ne peut compter sur le relais des puissances établies et doit se trouver ses propres moyens.

PAR-DELÀ HAYEK

Le lien entre la cryonie et la cryptomonnaie n'est pas seulement d'ordre stratégique : il y a entre les deux une affinité ontologique, car

1 On peut aisément visualiser le rapprochement entre les réfrigérateurs chromés des cuisines américaines des années 1960 et les caisses en inox qui allaient accueillir à partir de 1978 des corps cryogénisés. Sur l'histoire politique de l'utopie cryoniste, on peut utilement lire la thèse d'Apolline Taillandier (Taillandier, 2021).

on peut tout à fait considérer la cryonie comme « une forme biomédicale d'investissement dans le soi », pour reprendre la formule de l'anthropologue Tiffany Romain (Romain, 2010). Cette formule montre à la fois tout ce que l'utopie extropienne doit à Friedrich von Hayek et comment elle le radicalise.

En effet, les affinités entre la pensée de l'économiste autrichien et les utopies extropiennes ont souvent été soulignées et largement analysées par Finn Brunton (Brunton, 2019). Ils ne font guère preuve d'originalité, s'inscrivant dans la trace des « *high-tech hayekians* », un ensemble d'informaticiens qui voient dans l'informatique connectée un médium majeur de réalisation des conceptions d'Hayek. Une de leur figure emblématique est l'économiste Phillip Salin, créateur de l'American Information Exchange (AMIX) en 1984, plateforme d'achat et de vente de données, de biens et de services. Il a exercé une grande influence sur Tim May. Don Lavoie, qui a dessiné les contours idéologiques de ce groupe, mentionne aussi les noms de Mark S. Miller, Marc Stiegler et K. Eric Drexler, tous membres d'Extropy (Lavoie & Baetjer & Tulloh, 1990). L'intérêt des extropiens pour la cryptomonnaie intervient au moment où les « principes extropiens » élaborés par Max More, charte commune du mouvement, se dotent d'une dimension économique. La version 2 de ces principes, publiée à l'été 1992 dans *Extropy*, reprend la conception hayekienne d'un « ordre spontané » :

> Les économies de marché assurent le progrès technologique et social essentiel à la philosophie extropienne. Nous rejetons l'idée technocratique du contrôle central par des experts autoproclamés. Aucun groupe d'experts ne peut comprendre et contrôler l'infinie complexité d'une économie et d'une société. La connaissance des experts est mieux exploitée et transmise par la médiation superbement efficace des signaux de prix du marché libre – des signaux qui contiennent plus d'informations qu'aucune personne ou aucun groupe ne pourra jamais en rassembler. (Romain, 1993, p. 12)

On comprend aisément que la cryptomonnaie apparaisse comme une possible réalisation immédiate, à portée de calcul et sans investissements considérables pour des pionniers de l'informatique, d'une telle « médiation superbement efficace ». À travers elle, non seulement les extropiens peuvent financer leurs projets en surmontant leur statut d'outsider, mais aussi provoquer une rupture sociale. Pour Max More, les technologies transhumanistes vont favoriser l'émergence d'une société sans préjugés, ouverte, rompant avec les institutions traditionnelles comme la religion et l'État; et en même temps la mise en place d'institutions ouvertes favorisera l'émergence des technologies transhumanistes. La théorie hayekienne est comprise par les extropiens comme une condition nécessaire à la réalisation du post-humain : « Les extropiens privilégient les ordres auto-générateurs, organiques et spontanés plutôt que les ordres imposés et planifiés de manière centralisée. Les deux types d'ordre ont leur place, mais la variété spontanée, sous-estimée, est cruciale pour nos interactions sociales. Les ordres spontanés ont des propriétés qui les rendent particulièrement propices aux objectifs et aux valeurs extropiennes. » (More, 1993, p. 12) Cette convergence est d'autant plus nette que l'économiste autrichien avait défendu l'idée de monnaies hors contrôle étatique dans *The denationalization of money*, publié en 1976. More reprend ces thèses en défendant « l'argent numérique anonyme » : « Si nous voulons rester à l'avant-garde de l'avenir, a-t-il poursuivi, voyons ce que nous pouvons faire pour hâter ces développements cruciaux ». (More, 1995, p. 8).

Les extropiens vont toutefois au-delà d'Hayek en étendant au biologique sa conception d'un ordre spontané. Certes on sait l'intérêt soutenu de Hayek pour la biologie, ses travaux sur le cerveau, ses rapprochements, par le biais de la notion d'« évolution culturelle » empruntée à Popper, entre évolution et ordre spontané qu'ils présentent comme des « idées jumelles » (Hayek, 2007), mais cela entre chez lui dans une perspective épistémologique. Ainsi, dans le chapitre 11 de *The Counter-Revolution of Science*, Hayek critique-t-il avec force le scientisme des ingénieurs et polytechniciens et l'« extension illégitime des méthodes scientifiques aux phénomènes de société » qu'ils mettent en œuvre. Là où Hayek ne voyait pas une construction possible, les extropiens pensent au contraire que la dimension biologique peut et doit être construite (More, 1991). Au fond, l'extropianisme est un projet de remodelage de la nature et des désirs humains. Le milieu extropien a ainsi toujours cultivé des moyens plus classiques de « développement personnel », par la commercialisation d'amphétamines, d'anabolisants, par la pratique du culturisme et l'appel à « manager » sa vie. En cela, Extropy s'inscrit dans la lignée de la contre-culture analysée par Fred Turner pour laquelle les psychédéliques et les ordinateurs personnels étaient des technologies d'exploration de soi et, en poussant la logique d'un pas, de fabrication de soi. En 1993, Nick Szabo, lors d'un débat sur le téléchargement de l'esprit sur un support de silicium, défend la nécessité d'une duplication des informations contenues dans les hormones afin de conjurer le risque d'une perte de « motivation sexuelle » : « Nous pourrions appeler la perte du substrat biologique lors du téléchargement le problème de la sexualité suspendue (pour ainsi dire :-), ou plus généralement la biologie fantôme, ou la motivation fantôme », au sens des membres fantômes (Szabo, 1993 a). Il n'y a pas d'oubli du biologique chez les extropiens, bien au contraire, mais une extension de l'ordre spontané au biologique.

FONDER UN NOUVEAU RÉGIME TEMPOREL

L'ordre spontané des extropiens est d'une dimension tout autre que celui d'Hayek. De même, leur mobilisation de la cryptomonnaie va bien au-delà de la recherche d'une plus grande efficacité du marché. Elle participe d'une conception bien plus radicale, d'un projet de reconfiguration politique qui n'exclut aucune dimension de l'existence humaine. Articulé aux autres horizons d'attente que sont les nanotechnologies ou la cryonie, la cryptomonnaie est pensée comme un moyen de fonder un nouvel régime temporel. En effet, les points communs de ces trois techno-utopies sont d'une part que la fiabilité technique est le socle de la société et d'autre part que le futur étant déjà connu, tout doit y être ordonné.

Dans son article de 1996, étape majeure de la construction de la technologie blockchain où il théorise la notion de « *smart contracts* », Nick Szabo explicite au sujet des cryptomonnaies cette double dimension :

> J'appelle ces nouveaux contrats « intelligents », car ils sont bien plus fonctionnels que leurs ancêtres inanimés sur papier. Ils ne font pas appel à l'intelligence artificielle. Un contrat intelligent est un ensemble de promesses, spécifiées sous forme numérique, y compris les protocoles dans lesquels les parties s'exécutent sur ces promesses. [...] La force juridique de la revendication peut être fondée sur le texte lui-même, plutôt que sur des interprétations exagérées, obscures et souvent implicites de ce que "certifier" est censé signifier. (Szabo, 1996, p. 50)

La force légale vient du « texte lui-même », ici un protocole numérique. Ce système automatisé permet un « contrat » pourvu d'« intelligence » que Szabo oppose au « papier sans âme ». C'est le rêve d'une écriture efficace qui produit la promesse qu'elle annonce. Elle est l'actualisation d'un futur d'ores et déjà advenu. On se rappelle que la principale innovation théorique du Bitgold est d'utiliser un chronodatage strict comme garantie de l'efficacité du système, comme fondement fiduciaire. La blockchain est pensée comme la traduction sociotechnique d'un nouveau rapport au temps et d'un nouveau contrat social.

Une telle conception a été théorisée par Éric Drexler avec la notion de « design anticipé ». Avec la nanotechnologie, Drexler pense détenir le creuset de la société à venir. Cette technologie n'existe pas encore au moment où il la décrit – et elle n'a d'ailleurs pas pris la forme qu'il avait imaginée – mais il s'agit pour lui de redéfinir la recherche, l'industrie et, partant, toute la société autour de sa future existence. Ce « design anticipé » de la technologie permet d'orienter le développement de la technologie actuelle. Cette méthode revient à élaborer des hypothèses non pas scientifiques, pour expliquer, mais performatives, pour faire apparaître un monde qui n'est pas. Il n'est pas dans la prospective, ni même dans de l'anticipation, car l'une et l'autre fondent leur vision du futur à partir du présent : la technologie annoncée révèle le futur, le naturalise et l'actualise (Damour, 2018 c & Loeve, 2009).

Une telle démarche est déjà inhérente à la réflexion de Robert Ettinger au sujet de la cryonie : pour lui, la mort est déjà vaincue même si les technologies permettant de la vaincre n'existent pas encore et les sociétés doivent vivre comme si elles l'étaient. Dans *The Prospect of Immortality*, Ettinger estime que la cryonie étant théoriquement possible, il convient d'ores et déjà de transformer nos sociétés pour les préparer. En effet, la plupart de nos institutions et de nos morales ont été développées pour répondre au défi de la mort : celui-ci surmontée, ce sont la culture, la société, la politique qui s'en trouvent bouleversées.

La cryptomonnaie fonctionne de la même façon que la cryonie et les nanotechnologies drexleriennes. Pour les extropiens, la cryptomonnaie n'est pas seulement un dispositif indépendant de l'État, permettant de créer des organisations sans tiers et sans institution, comme l'entendent les cypherpunks ou les libertariens. L'enjeu est de développer un système qui lutte contre l'entropie générale en laissant circuler l'information. La création d'une cryptomonnaie a une fonction de rupture et d'utopie : elle garantit une autre temporalité, une temporalité où il n'y aurait plus de perte d'information, bref une temporalité dont la mort serait bannie. C'est une monnaie fiable, car fondée sur une valeur absolue : l'efficacité des technologies intelligentes qui permet une autre temporalité en rendant le futur actuel. Il n'est pas surprenant que le papier de Nakamoto qui décrit les spécificités du Bitcoin fasse la part belle à l'horodatage et, d'ailleurs, l'article fondateur de Stuart Haber et W. Scott Stornetta en matière d'horodatage est le document le plus cité. Pour Nakamoto, l'horodatage est le pivot de la technologie, car il assure l'inaltérabilité qui permet de résoudre le problème de la confiance. La disparition d'un tiers ordonnateur des relations inter-humaines signe la fin de la politique traditionnelle. En proposant un mode automatisé de relations, perçu comme « intelligent » par son absence de volonté, sans retour en arrière ni avenir possible, les technologies développées dans le milieu de culture extropien se veulent annonciatrices d'un ordre temporel inédit : une politique pour a-mortels[2].

Ainsi, pour pouvoir bien prendre la mesure de la technologie blockchain cultivée dans le milieu extropien, il faut non seulement envisager toutes les composantes idéologiques de ce milieu, mais aussi toutes les utopies technologiques qui y sont cultivées. Une technologie ne fait pas sens toute seule, car elle ne fonctionne pas toute seule : elle est en interaction effective et symbolique avec d'autres technologies. Toute évaluation éthique se doit d'en tenir compte pour ne pas passer à côté de sa cible.

CONCLUSIONS

En 1997, Nick Szabo publie en ligne un papier où il développe son idée de machine autonome capable de réguler les relations humaines. Ce papier, intitulé « God Protocols », s'ouvre par ce paragraphe :

2 Notre analyse rejoint celle conduite par Antoine Garapon et Jean Lassègue au sujet de l'usage de la blockchain dans le cadre de la justice. Elle crée un état de divorce entre l'ordre graphique et l'ordre spatio-temporel (Garapon & Lassègue, 2018).

> Imaginez le protocole idéal. Il aurait la tierce partie la plus fiable imaginable – une divinité qui est du côté de tout le monde. Toutes les parties enverraient leurs contributions à Dieu. Dieu déterminerait de manière fiable les résultats et rendrait les produits. Dieu étant l'ultime discrétion en matière de confession, aucune partie n'en apprendrait plus sur les contributions des autres parties qu'elle ne pourrait le faire à partir de ses propres contributions et des résultats. Hélas, dans notre monde temporel, nous traitons avec des humains plutôt qu'avec des divinités. Pourtant, nous sommes trop souvent obligés de traiter les gens de manière presque théologique, parce que notre infrastructure n'offre pas la sécurité nécessaire pour nous protéger.

Il y a évidemment une charge ironique dans ces lignes, mais elles n'en disent pas moins la place que Szabo accorde à la technologie blockchain comme « infrastructure » technique capable de sortir du mode « presque théologique » avec lequel les humains interagissent. Ce mode théologique – entendons : les institutions transcendantes aux individus – est, à ses yeux, une sorte de tour de passe-passe parce que nous sommes « dans notre monde temporel » des humains et non des « dieux » – entendons : des êtres mortels, limités. Toute la question est de sortir de ce « monde temporel » pour ne plus avoir recours aux substituts institutionnels qui nous soumettent alors que nous pourrions être libres comme des immortels.

Extropy a été un milieu de culture décisif dans la mise au point de la première cryptomonnaie. Qu'Extropy ait été l'élément structurant, et le seul point commun à tous les co-créateurs connus du Bitcoin, s'explique par sa capacité à développer un discours global autour d'un tel projet. En effet, l'approche uniquement politique des cypherpunk ou des cyberlibertariens n'était pas à la hauteur de l'invention d'une monnaie. Une monnaie a une fonction métapolitique : vouloir en créer une constitue un geste anthropologique, voire cosmologique. Dans son analyse des origines du Bitcoin, Finn Brunton a utilement mobilisé le concept de « cosmogramme », proposé par l'historien et philosophe des sciences John Tresch pour désigner ces objets contiennent « à la fois un modèle de l'univers et un plan destiné à organiser la vie et la société de façon correspondante » (Tresch, 2015). Est-ce un hasard de l'histoire que la blockchain ait été mise au point pour développer une monnaie ? Ce lien entre cette finalité (qui a été comme le principe actif de la mise en culture) et la blockchain a-t-il informé celle-ci, dessinant ses caractéristiques, quels que soient ses usages ? Toute blockchain ne consiste-t-elle pas, *in fine*, à monétariser tous les échanges d'informations qu'elle assure, et à les monétariser en suivant le modèle d'une cryptomonnaie ? Dès lors, la question se pose de savoir comment une blockchain peut être mise au service d'une institution pour mortels, qu'il s'agisse d'une banque, d'un État, d'une association, de la justice ou d'une collectivité locale, sans que cela ne provoque une contradiction interne entre deux systèmes temporels, deux logiques politiques.

En effet, le Bitcoin et la technologie blockchain qui le sous-tend dessinent une carte d'un ordre politique radicalement différent parce qu'il serait désinstitutionnalisé, ce qui est la première revendication de toute organisation décentralisée et horizontale. Il faut cependant bien voir que cette désinstitutionnalisation n'est pas seulement celle de l'État, voire d'autorités traditionnelles. Il ne s'agit pas seulement d'assurer la liberté des individus dans ce nouveau domaine d'action humaine qu'est internet. Une telle perspective suffisait bien à mobiliser les énergies cyberlibertariennes, cypherpunk ou cyberanarchistes. Avec Extropy, la cryptomonnaie se pose en emblème d'un monde nouveau où le lien politique aura trouvé un substitut plus efficace dans le lien technologique. Quintessence du solutionnisme technologique, le Bitcoin et la blockchain sont des objets techniques dont la dimension politique ne peut se penser seulement par soustraction (pas d'État, pas d'intermédiaire), mais par substitution (la machine comme institution). Il est donc question de désinstitutionnaliser le politique lui-même, en tant que domaine d'action où s'expriment la liberté et la volonté humaines. Parmi les sources du mouvement extropien compte la philosophie politique de Fereidoun Esfiandary, alias FM-2030. Sous la plume de celui qui fut le professeur d'une partie des extropiens à l'Université de Californie, le vieux monde a vécu : les progrès techniques arrachant l'homme à sa condition terrestre et à ses limites biologiques, au premier rang desquelles la limite temporelle, les anciennes institutions (État, école, famille, économie de survie, nation, usine, etc.) sont obsolètes (Esfandiary, 1973). Comme l'analyse Jean-Yves Goffi, tout vient de techniques qui agissent sans qu'« aucune instance politique ne les fasse émerger ni ne les organise : tout se passe comme par magie. Aussitôt envisagé, le possible devient réel ; aussitôt implantée, l'innovation devient routine et cède la place à une nouveauté encore plus radicale. » (Goffi, 2019, p. 53) La rupture avec toute forme d'institution et avec le politique en tant quel est bien plus profonde que dans le cadre du libertarianisme, écart qu'on peut observer aussi entre les transhumanistes et les biolibéraux (Goffi, 2019, p. 58). Au fond, libertariens et biolibéraux demeurent dans l'idée que l'homme est un animal politique par nature, ce que récusent les extropiens. À leurs yeux, une telle politique n'est bonne que pour les mortels : le transhumain qui ne dépend plus, d'ores et déjà, de la mortalité est passé au-delà de la politique.

Bien sûr, dans le cadre de cet article, il ne s'agissait que de présenter les perspectives politiques du petit groupe à l'origine de ces technologies. Cela a permis de poser des hypothèses et questionnements dont il convient de mesurer la pertinence dans la durée : ces perspectives ont-elles été ou non infléchies, amendées, marginalisées dans le développement du Bitcoin, des cryptomonnaies et plus largement de la blockchain, notamment lorsqu'elles ont changé d'échelle d'usagers ? Car imaginer un au-delà technologique du politique est une chose, le mettre en œuvre en est une autre : comme toute technologie, le Bitcoin et les blockchains appellent une régulation, des arbitrages qui supposent des débats, des choix, des légitimations, bref du politique (De Filippi & Loveluck, 2017 ; Rolland & Slim, 2017). Il a souvent été noté que les projets d'un au-delà du politique ne font que la ramener sous des formes le plus souvent peu transparentes …

Franck DAMOUR
Université Catholique de Lille /
(ETH+) / ETHICS (EA 7446)

BIBLIOGRAPHIE

Bourdieu, P. (2012). *Sur l'État. Cours au Collège de France (1989-1992)*. Paris : Éditions du Seuil.

Brunton, F. (2019). *Digital Cash – The Unknown History of the Anarchists, Utopians, and Technologists Who Created Cryptocurrency*. Princeton : Princeton University Press.

Chaum, D. (1985). Security without Identification : Transaction Systems to Make Big Brother Obsolete. *Comm. ACM*. vol. 28. n° 10. p. 1030-1044. DOI 10.1145/4372.4373 ;

Damour, F. (2018 a). Les nanotechnologies comme technologie transhumaniste. *L'Homme & la Société*. n° 207. (mai-août 2018). p. 53-77. DOI : 10.3917/lhs.207.0137.

Damour, F. (2018 b). Le mouvement transhumaniste. Approches historiques d'une utopie technologique contemporaine. *Vingtième Siècle. Revue d'histoire*. vol. 138. 2/2018. p. 143-156. DOI : 10.3917/ving.138.0143

Damour, F. (2018 c). Le cas exemplaire de la vision d'Eric Drexler. *Raison présente*. 2018/1. N° 205. p. 25-35. DOI : 10.3917/rpre.205.0025.

De Filippi, P. & Loveluck, B. (2016). The invisible politics of Bitcoin : governance crisis of a decentralised infrastructure. *Internet Policy Review*, 5(3). DOI : 10.14763/2016.3.427

De Filippi, P., (2018). *Blockchain et cryptomonnaies*. Paris : Presses Universitaires de France.

Dodd, Nigel (2017). Utopian Monies : Complementary Currencies, Bitcoin, and the Social Life of Money. in N. Bandelj, F. Wherry, V. Zelizer (éds). *Money Talks, Explaining How Money really Works*. Princeton, NJ : Princeton University Press. p. 230-247.

Dodd, Nigel (2018). The social life of Bitcoin. *Theory, Culture & Society*. 35 (3). p. 35-56. DOI : 10.1177/0263276417746464.

Drexler, E.K. (1986). *Engines of Creation : The Coming Era of Nanotechnology*. New York : Anchor Books.

Drexler, E., Miller, M. (1988). Markets and Computation : Agoric Open Systems. in B. A. Huberman (ed.). *Ecology of Computation*. New York : Elsevier Science Publishers B.V. Esfandiary M. F. (1977). *Up-Wingers. A Futurist Manifesto*. New York : Popular Library.

Ettinger, R. (1964). *The Prospect of Immortality*. New York : Doubleday.

Extropy. Numéros #8, (Winter 1991-1992), #10 (Winter/Spring 1993), #15 (2nd quarter 1995) et #16 (quarter 1 1996). Accessibles à l'URL : https://github.com/Extropians/Extropy (consulté le 11/04/2023).

Finney, H. (1992). Why remailers… 15 novembre 1992. Accessible à l'URL : https://cypherpunks.venona.com/date/1992/11/msg00108.html (consulté le 11/04/2023).

Finney, H. (2002). Re : Currency based on Energy. ExI-list archive, February 22, accessible à l'URL : http://extropians.weidai.com/extropians.1Q02/3361.html (consulté le 11/04/2023).

Flichy, F. (2001). La place de l'imaginaire dans l'action technique. Le cas de l'internet. *Réseaux*. Vol. 109. N° 5. p. 52-73

Garapon A., Lassègue J. (2018). *Justice digitale. Révolution graphique et rupture anthropologique*, Paris : PUF.

Goffi, J.-Y. (2019). Contours et courants de la politique transhumaniste. *Raisons politique*. Vol. 74. N° 2. p. 51-71. DOI : 10.3917/rai.074.0051.

Hayek, F. von (2007). *Essais de philosophie, de science politique et d'économie*. trad. Christophe Piton. Paris : Les Belles Lettres.

Lavoie, D., Baetjer, H., Tulloh, W. (1990). High Tech Hayekians : Some Possible Research Topics in the Economics of Computation. *Market Process*. 8. p. 116-146.

Levy, S. (1994). E-Money (That's What I Want). *Wired*. 1er décembre 1994. Accessible à l'URL : https://www.wired.com/1994/12/emoney/ (consulté le 11/04/2023).

Levy, S. (2002). *Crypto : How the Code Rebels Beat the Government, Saving Privacy in the Digital Age*. New York : Penguin Putnam.

Loeve, S. (2009). *Le concept de technologie à l'échelle des molécules-machines. Philosophie des techniques à l'usage des citoyens du nanomonde*. Thèse de doctorat soutenue à l'Université Paris-Ouest Nanterre-La Défense.

Loveluck, B. (2015). Internet, une société contre l'État ? Libéralisme informationnel et économies politiques de l'auto-organisation en régime numérique. *Réseaux*. Vol. 192. n° 4. DOI : 10.3917/res.192.0235.

May, T. (1992). Manifeste crypto-anarchiste. Septembre 1992. Accessible à l'URL : https://www.activism.net/cypherpunk/crypto-anarchy.html (consulté le 11/04/2023).

More, M. (1991). Order without orderers. *Extropy* #7 (printemps 1991). p. 21-31.

More, M. (1993). *Extropian principles 2.5. Extropy* #11 (été/printemps 1993). Accessible à l'URL : https://www.aleph.se/Trans/Cultural/Philosophy/princip.html (consulté le 11/04/2023).

More, M. (1995). Denationalization of money : Friedrich Hayek's Seminal Work on Competing Private Currencies. *Extropy* #15. 2nd 3rd Quarter 1995. p. 19-20.

Orléan, A. (2019). La communauté bitcoin. *Esprit*. N° 7-8. Juillet-août. p. 47-58. DOI 10.3917/espri.1907.0047.

Rolland, M., Slim, A. (2017). Économie politique du Bitcoin : l'institutionnalisation d'une monnaie sans institutions. *Économie et institutions* [en ligne], 26. 2017. DOI / 10.4000/ei.6023.

Romain, T. (2010). Extreme Life Extension : Investing in Cryonics for the Long, Long Term. *Medical Anthropology*. 29:2. p. 194-215. DOI 10.1080/01459741003715391.

Szabo, N. (1993 a). Uploading, Self-Transformation, and Sexual Engineering. Exi-essays ma;iling list. Accessible à l'URL https://www.aleph.se/Trans/Global/Posthumanity/uploadself.html (consulté le 11/04/2023).

Szabo, N., (1993 b). Business Expertise & Crypto-Anarchy. Mail du 5 octobre 1993. Accessible à l'URL : https://diyhpl.us/~bryan/irc/extropians/raided-mailing-list-archives/archives/dg1005_1 (consulté le 11/04/2023).

Szabo, N. (1996). Smart Contracts. Building Blocks for Digital Free Markets. *Extropy* #16. p. 50-53 et 61-63.

Szabo, N. (1999). The God protocols. Trustworthy computations with untrusted parties. *ITAudit*. Vol. # 2. November 15. Accessible à l'URL : http://web.archive.org/web/20061230075325/http://www.theiia.org/ITAudit/index.cfm?act=itaudit.archive&fid=216 (consulté le 12/04/2023).

Taillandier, A. (2021). *In the Name of Posthumanity. Visions and Justifications of Liberal Order in Contemporary Anglophone Transhumanism*. Thèse de doctorat soutenue à l'Institut d'Études Politiques de Paris.

Tresch, J. (2015). Choses cosmiques et cosmogrammes de la technique. *Gradhiva*. N° 22. p. 24-47. DOI : 10.4000/gradhiva.3019

LE TRAITEMENT AUTOMATISÉ DES INJURES

FIG. 1 – Figure issue d'une capture d'écran datant du 27 mai 2021 et extraite d'un groupe de discussion sur le cyclisme. Le propos, automatiquement perçu comme homophobe sur la base du traitement algorithmique des discours de haine, a été bloqué pour non-respect des standards de la communauté. Est ainsi exacerbée une tendance plus générale que Judith Butler critique dans *Le pouvoir des mots* conduisant à considérer que le pouvoir injurieux des mots leur serait intrinsèque.

Parallèlement à la surenchère informationnelle sur les plateformes numériques, les stratégies et techniques de recommandation se sont généralisées à tous les niveaux d'interaction. L'extension de la recommandation, comme normativité douce et continue, qui cherche à orienter les comportements des utilisateurs de manière quasi insensible et non coercitive, s'alignait évidemment sur un certain libéralisme (voire libertarianisme) porté par les plateformes de la Silicon Valley. Ce processus de recommandation s'apparente à un jeu d'interactions entre utilisateurs et systèmes algorithmiques qui s'informent dans des boucles récurrentes. Si le mythe d'une horizontalité et d'une autorégulation des échanges sur les plateformes a pu un certain temps dissimuler la fonction des médiations techniques au sein de ces échanges, le fait que ces plateformes agissent comme de véritables régulateurs de discours ne fait plus de secret. En effet, ces dernières sont appelées non seulement à visibiliser des contenus, à travers un processus de recommandation à géométrie variable, mais aussi à interdire certains contenus, c'est-à-dire à les exclure du jeu de la recommandation. Ce qui devait être un marché auto-régulé du discours où l'indicible se retrouverait spontanément hors-jeu est ainsi devenu une institution discursive, où le partage entre le dicible et l'indicible doit être arbitré *comme* par un tiers. Ce qui est remarquable est non seulement la résurgence de ce tiers qui, comme on le verra, peine à se hisser au niveau de l'institution, mais également le fait que cette résurgence converge avec un autre phénomène de fond, à savoir l'automatisation (apparente) des activités humaines. De fait, que certains propos racistes ou sexistes soient exclus ou que certains discours qui enfreignent les règles du processus électoral soient contrecarrés n'est pas étonnant. Ce qui interpelle c'est la mobilisation par les plateformes de systèmes d'intelligence artificielle, développés par leur soin, pour effectuer cette régulation à l'échelle des millions de discours qu'elles hébergent chaque jour. La modération de contenus se pratique à l'échelle et à la vitesse de la contagion discursive : elle ne correspond plus à un moment ou un geste discursif supplémentaire, se déroulant après coup, comme avec la régulation par le droit, mais s'inscrit de plus en plus dans la temporalité même du discours qu'il s'agit de réguler.

Ce texte a vocation à analyser les spécificités d'une telle automatisation de la régulation pour ensuite les questionner sur la base d'une lecture derridienne et butlerienne du performatif. Il ne s'agira donc pas de soutenir que la régulation des discours par les processus automatiques est impossible ou indésirable, mais plutôt de montrer qu'une telle automatisation ne peut dépasser l'échec qui guette, nécessairement, toute régulation alors que les processus automatisés ont sans doute pour principale « vertu » de voiler, voire d'invisibiliser, cet échec. Cet échec est incompressible, ne peut pas être résorbé par le processus de régulation ; il n'est que le déplacement que la régulation produit elle-même et il est lui-même porteur d'effets et d'échos. Il ne s'agit donc en rien de simplement prôner un laisser dire, et donc un laisser faire, mais de rendre visible l'impossible résorption de l'échec d'une régulation par son automatisation. C'est avec une attention particulière aux différentes modalités techniques de ces systèmes algorithmiques que nous tenterons de cerner comment l'échec se joue dans la régulation des discours de haine. Pour ce faire, nous présenterons dans un premier temps quelques distinctions techniques pour introduire des cas concrets où celles-ci se mêlent à des modes de justification de la part des plateformes. Nous nous baserons pour l'essentiel sur l'exemple de Facebook non pas parce qu'il serait le réseau social contemporain par excellence mais au nom de sa relative ancienneté qui en fait un outil bien expérimenté et documenté exprimant ainsi quelque chose de symptomatique sur l'évolution de la prise en charge de la régulation par ces plateformes (Gillepsie, 2018). De surcroît, à l'inverse d'autres plateformes plus récentes dont la structuration semble elle-même susciter les propos haineux (ce qui aurait eu pour conséquence de déplacer notre analyse vers cette incitation, là où nous entendons nous limiter à celle de leur contrôle), les échanges sur Facebook nous sont apparus comme plus « naturellement » modérés, en somme plus proches du langage ordinaire. L'enjeu plus explicitement politique auquel cela nous amène est de rendre manifeste le monopole de ces plateformes privées sur certains champs discursifs et leur pouvoir de censure insensible, qui tend alors à s'exprimer comme une simple organisation du visible, bien plus que comme une interdiction.

L'ÉMERGENCE DES DISCOURS DE HAINE SUR INTERNET ET LA JUSTIFICATION DE LEUR TRAITEMENT PAR ALGORITHME

LES DISCOURS DE HAINE SUR INTERNET

La littérature scientifique sur le traitement algorithmique des discours de haine porte généralement sur des prototypes d'algorithmes. Elle fournit quelques éléments de définition du discours de haine, dont trois apparaissent centraux : la violence, le ciblage et la nuisance. Un discours de haine est un discours violent, que cette violence soit inhérente à l'énoncé, offensant en lui-même (Putri *et al*, 2020, p. 1) ou en tant qu'il exprime une « opinion » (*idem*) qui rabaisse une certaine catégorie de population, en tant qu'il exprime un sentiment de haine (Martins *et al*, 2018, p. 2) ou encore en tant qu'il incite à la violence (Herwanto, Trisna, 2019, p. 1). Un discours de haine est aussi un discours qui cible une certaine personne ou un groupe de personnes (Martins *et al*, 2018, p. 2) sur la base d'une caractéristique spécifique (Putri *et al*, 2020, p. 1 ; Herwanto, Trisna, 2019, p. 1), qu'il s'agisse de la nationalité, de la confession, de l'ethnie, de l'identité de genre ou encore de l'orientation sexuelle. Enfin, la nuisance (blessure, discrimination, menace, etc.) produite par cette violence envers les personnes ciblées en vertu d'une caractéristique spécifique est également un élément courant de la définition du discours de haine. On retrouve par exemple cette idée derrière la notion de « préjudice » (Herwanto, Trisna, 2019, p. 1), qui nous situe ainsi clairement dans un cadre conceptuel qui nous permettra ensuite de convoquer les arguments de Judith Butler dans *Le pouvoir des mots* selon lesquels les discours de haine minent la puissance d'agir des personnes insultées[1].

---

1 Par la suite, nous emploierons de manière relativement indistincte les trois expressions voisines que sont « insulte », « injure » et « discours de haine », et leurs dérivés respectifs. Si ces expressions renvoient à une même réalité, celle de propos qui blessent ou peuvent blesser, elles mettent l'accent sur des aspects différents de cette réalité ; leur triangulation continue donc d'être nécessaire pour couvrir la totalité du phénomène visé, tout en sachant qu'il n'est pas possible – c'est même là un des buts de cet article – de produire une formule qui hiérarchiserait les différents aspects en question. En bref, « insulte » met l'accent, par son étymologie, sur la violence intrinsèque du propos, voire sur la dynamique qu'y inscrirait le locuteur ; « injure » rend compte non seulement de

Dans ses standards de la communauté, Facebook définit le discours de haine comme une « attaque directe contre des personnes, plutôt que contre des concepts ou des institutions, fondée sur ce que nous appelons les "caractéristiques protégées"… », attaque elle-même définie comme discours violent ou déshumanisant, affirmation d'une infériorité, expression d'un mépris, d'un dégoût, appel à l'exclusion, etc. (voir la page « Discours haineux », *Meta Transparency Center*, n.d. (2022)). Est également mentionnée l'idée d'après laquelle les discours de haine « créent un environnement intimidant et excluant et peuvent, dans certains cas, faire l'apologie de la violence hors ligne », nuisant à la puissance d'agir des personnes ciblées par ces discours et à leur expression non-contrainte (« Discours haineux », *Meta Transparency Center*, n.d. (2022)). En somme, Facebook définit les discours de haine conformément à la littérature que nous avons évoquée : le préjudice est à comprendre dans les termes de l'exclusion ou de l'intimidation, qui viennent le spécifier, la violence renvoie aussi bien aux offenses en ligne qu'à la violence physique qui peut en découler, et les « cibles » sont précisément les personnes appartenant aux populations couvertes par les « caractéristiques protégées ».

LA MISE EN PLACE DES STANDARDS DE LA COMMUNAUTÉ COMME CONTRACTUALISATION

Pour encadrer les discours de haine, et l'action des algorithmes à leur égard, Facebook a mis en place des « standards de la communauté », règles s'appliquant à tous partout dans le monde et pour tous types de contenus, leur donnant par conséquent, ainsi qu'à l'action des algorithmes, une étendue considérable (« Discours haineux », *Meta Transparency Center*, n.d. (2022)). Ces règles, qui peuvent être considérées comme permettant de contractualiser une certaine police du langage sur la base d'un accord de l'utilisateur requis pour son adhésion à la plateforme, prennent en considération aussi bien les « retours d'utilisateurs » que l'« avis d'experts spécialisés dans des domaines tels que les technologies, la sécurité publique et les droits de l'homme », affirme Facebook. Voulant s'assurer que « tout

---

la blessure qui peut en résulter (*injury*) mais aussi bien plus globalement à l'atteinte aux droits d'autrui ; enfin « discours de haine » (et plus précisément « incitation à la haine » à partir d'un discours) met l'accent sur la qualification juridique de ces insultes et injures tout en rendant compte, comme le veut le droit en la matière, de la nécessité d'établir un lien fort entre le propos et son action sur autrui, au point de considérer parfois que l'action est incorporée dans le(s) mot(s).

le monde a voix au chapitre », ces normes « prennent en compte les différents points de vue et croyances, en particulier ceux des personnes et des communautés marginalisées ou négligées ». Est proposée une liste non exhaustive des cas dans lesquels les standards de la communauté seraient considérés comme violés, entrainant sanction. Une différence est par exemple établie entre le contenu non autorisé, qui se verra bloqué automatiquement, et le contenu requérant davantage d'informations. Mais la diversité des contenus entrant dans ces cadres, à protéger ou à interdire, depuis la charte en question, est impressionnante : il peut s'agir aussi bien des discours de haine au sens strict (dont la liste est à son tour longue et diversifiée : « *Discours* haineux », *Meta Transparency Center*, n.d. (2022)) que de la lutte contre les activités criminelles, contre la fraude ou contre le harcèlement, de la gestion de la nudité, de la protection de la vie privée, de la cybersécurité, de la propriété intellectuelle ou encore de la protection des mineurs, etc. Il est par ailleurs à noter que dans ce cadre la version de référence et la version rédigée en anglais (américain), celle-ci étant la plus à jour et servant de « document principal ».

LA LÉGITIMATION DE LEUR ACTION PAR LES PLATEFORMES

Facebook souligne que ces standards de la communauté ont été mis en place dans le but de « créer un lieu d'expression qui donne la parole à tous », dans lequel chacun puisse s'exprimer. Les discours de haine portent donc atteinte à un tel lieu d'expression en excluant, en minant les capacités expressives et d'interaction (paisible), des destinataires. Facebook fait également appel à l'idée de dignité en soulignant « Nous attendons de chaque personne qu'elle respecte la dignité d'autrui, et qu'elle ne harcèle pas ni ne rabaisse les autres. » Enfin, comme on l'a dit, la mise en place des standards de la communauté supposés guider l'action des algorithmes est mise en avant comme répondant à une demande des utilisateurs et des experts, et représente ainsi quelque chose comme la contractualisation de volontés individuelles au sein d'une communauté, sinon un sens commun.

Si de telles justifications sont claires, on peut néanmoins se demander pourquoi privilégier le traitement par algorithme des discours de haine plutôt que le recours à la loi, sachant que cette question s'accompagne aussitôt de celle de savoir si la plateforme est légitime à constituer des normes sur le sujet et à en garantir l'application. Dans ce cadre, l'argument phare non seulement dans l'utilisation mais aussi dans le perfectionnement des algorithmes de traitement des discours de haine est bien entendu celui de l'efficacité. Facebook se vante de la détection proactive, c'est-à-dire automatique et préalablement à tout signalement des utilisateurs, de 94.7 % des discours de haine (« Discours haineux », *Meta Transparency Center*, n.d. (2022)) – et surtout d'une efficacité aussi discrète et indolore que possible, en apparence du moins (nous devrons y revenir), c'est-à-dire qui entrave le moins possible le bon développement de l'espace d'expression. Dans le développement de ses algorithmes Facebook se targue d'ailleurs de sa démarche d'« open science ». La plateforme semble considérer que cette démarche a pour mérite de permettre un accès (donc un contrôle) direct des utilisateurs aux algorithmes utilisés, dans le but de désamorcer toute possible critique sur l'opacité concernant l'action et le développement de ces algorithmes. Ce présupposé prend pour acquis, en dépit des quelques pages de vulgarisation et d'explication qu'offre la plateforme à ce sujet, les compétences techniques requises pour effectivement bénéficier de cette publication, pour comprendre et éventuellement critiquer le fonctionnement des algorithmes.

Si le respect des règles de la communauté des utilisateurs sert encore de discours légitimant, dans la régulation des contenus par Facebook la logique de plateforme tend à supplanter ce rapport « communautaire ». En effet, le problème pour une plateforme comme Facebook est moins de savoir quel contenu supprimer ou non, mais plutôt de pouvoir faire face à la viralité des discours qui s'y propagent. La plateforme mise alors sur l'automatisation pour assurer l'efficacité de cette régulation, l'idée étant que seul un traitement algorithmique peut suivre le mouvement de cette propagation à une échelle et une vitesse inédite (Gorwa, Binns & Katzenbach, 2020). Idéalement – c'est en tout cas l'horizon promis par ces plateformes aux législateurs et régulateurs publics – ce traitement algorithmique reposera de plus en plus sur des systèmes d'intelligence artificielle capables de prédire la toxicité ou la dangerosité d'un discours avant même qu'il ne produise son effet de nuisance et en parant donc à toute forme de répétition virale. Cela nous invite à regarder, derrière les discours et de légitimation que tient la plateforme sur son action, comment fonctionne la modération algorithmique des discours sur la plateforme à l'heure actuelle.

FONCTIONNEMENT : TRAITEMENT ALGORITHMIQUE DES DISCOURS DE HAINE

LES MÉTHODES

On distingue usuellement deux principales méthodes dans la détection automatique des discours de haine (Vinot, Grabar, Valette, 2003, p. 276). D'une part, le filtrage par liste noire qui consiste à filtrer les pages dont l'adresse (URL) fait partie d'une liste préalablement constituée à cette fin, en les bloquant. L'idée est d'empêcher la prolifération des discours de haine en agissant directement à la source. Compte tenu du caractère expansif des ressources disponibles sur internet et de leur fluidité, le principal problème de cette approche est la mise à jour de la liste noire. Il s'agit toutefois d'un mode de régulation qui ne réclame pas nécessairement d'intelligence artificielle et qui repose sur l'identification de sources jugées problématiques et non de certains discours ou énoncés en tant que tel.

L'autre technique est celle du filtrage par mots qui réglemente l'accès à une page ou publication en fonction de la présence de mots clés. À cette fin, il est davantage utile de se baser sur des « sacs de mots » qui permettent la constitution de syntagmes identificatoires, en intégrant d'autres mots non spécifiques au discours de haine mais y étant souvent associés tels que « envie », « agressions », « désinformation » ou « honte » (Vinot, Grabar, Valette, 2003, p. 280). Cette technique utilise généralement d'autres indices linguistiques (caractères, morphèmes ou encore catégories syntaxiques), péri-textuels (sommaire, rubriques ou titres), ou non textuels (nombres ou code HTML), de manière à permettre de distinguer les contenus racistes et les contenus antiracistes portant sur ces derniers (nous devrons revenir sur cette difficulté essentielle de la citation). Cette approche – comme celle de la liste noire d'ailleurs – a le mérite de rendre relativement visible la convention à partir de laquelle un discours sera signalé et de laisser la possibilité à des acteurs, tels que les utilisateurs, des experts sectoriels ou des membres de la société civile de participer à l'identification de ces mots, contenus ou sources. Cependant, cette approche présente également certains angles morts, dans la mesure où elle prend difficilement en compte la polysémie et la diachronie des mots. Elle peut ainsi faire l'impasse sur les phénomènes de créativité linguistique qu'il s'agisse de phénomènes de « réhabilitation des mots » ou de l'usage du verlan, de modifications d'orthographe, d'emprunts à d'autres langues, et autres techniques utilisées, entre autres, dans le but de contourner l'algorithme (Vinot, Grabar, Valette, 2003, p. 276).

Les plateformes semblent elles-mêmes conscientes des limites d'une telle entreprise, à l'image de Facebook qui explique :

> Nous reconnaissons que les utilisateurs partagent parfois des contenus incluant des insultes ou le discours haineux de quelqu'un d'autre pour le condamner ou sensibiliser les autres à son égard. Dans d'autres cas, des discours, y compris des insultes [...] peuvent être utilisés de manière autoréférentielle ou de manière valorisante. Nos politiques sont conçues pour permettre ce type de discours, mais nous demandons aux utilisateurs d'indiquer clairement leur intention. Nous nous réservons le droit de supprimer le contenu concerné lorsque l'intention n'est pas claire (« Discours haineux », *Meta Transparency Center*, n.d (2022)).

On entrevoit déjà la manière dont une telle exigence d'explication, de réflexivité ou de métacommunication sur les intentions semble contraire à toute réalité langagière concrète.

Néanmoins, l'approche choisie semble principalement rester celle du filtrage par mots clés, basé sur des éléments et des énoncés « historiquement (utilisés) pour attaquer, intimider ou exclure des groupes spécifiques et souvent (liés) à la violence hors ligne. » Facebook précise encore : « en fonction de nuances locales, nous prenons parfois en considération certains mots ou certaines phrases, comme les termes fréquemment utilisés pour désigner les groupes de CP (caractéristiques protégées). » Cette technique requiert alors une définition toujours plus précise des discours de haine et des injures qu'il s'agit de sanctionner, en les bloquant. Un des défis souvent soulignés dans la littérature est la difficulté à saisir la dimension contextuelle d'un énoncé, précisément parce que le contexte est en grande partie indisponible de par la nature distanciée et techniquement médiée des communications numériques (Gorwa, Binns et Katzenbach, 2020). En fait, l'enjeu n'est pas tant que le contexte « réel » soit indisponible, mais que la communication sur les plateformes modifie le contexte en même temps qu'elle essaie de l'établir. Parallèlement à ces techniques, de plus en plus de systèmes reposent sur des processus d'apprentissage et de prédiction algorithmique pour signaler et éventuellement bloquer ou réduire la visibilité des discours de haine.

QUALIFICATION ET DÉTECTION, BLOCAGE ET SANCTION

Si, à l'image de la loi, les techniques de la liste noire ou du sac de mots semblent pouvoir faire place à des gestes qu'on peut au moins théoriquement distinguer – la détection (de l'énoncé *potentiellement* injurieux, qu'elle soit automatique ou qu'elle fasse suite à un signalement), la qualification (de cet énoncé *comme* injurieux) et la sanction (blocage ou réduction de la visibilité de l'énoncé qualifié d'injurieux) –, le recours à des algorithmes apprenants rend cette distinction de plus en plus poreuse et dynamique. De plus, là où l'administrateur (à l'image du juge) disposait d'une discrétion, d'une marge d'appréciation et d'interprétation, les nuances propres à l'action de l'algorithme semblent pour leur part se jouer de la sorte : il sera demandé seulement à certains contenus d'être précisés, mais la plupart seront automatiquement bloqués, bien qu'une possibilité de recours subsiste par la suite (« Discours haineux », *Meta Transparency Center*, n.d. (2022)).

Plus précisément, sera automatiquement supprimé par les algorithmes, et cela en vertu des « politiques » mise en place par Facebook (« Discours haineux », *Meta Transparency Center*, n.d. (2022) ; « Standards de la communauté Facebook », *Meta Transparency Center*, n.d. (2022)), tout contenu identifié comme « non-autorisé », comme celui « qui décrit ou cible négativement des personnes par des injures, où les injures sont définies comme des mots intrinsèquement offensants ou utilisés pour insulter des personnes sur la base des caractéristiques » citées par Facebook (ethnie, nationalité, handicap, religion, caste, orientation sexuelle, sexe, identité de genre …). Mais dans certains cas, les suites de la détection ne sont pas si évidentes et tranchées. Pour certains contenus, davantage d'informations ou de contexte seront réclamés pour que la plateforme puisse s'assurer du respect des standards de la communauté. Il peut s'agir de contenus satiriques, tournant en dérision ou citant dans une démarche critique les contenus « non-autorisés ». Ce sont ces contenus qui requerront l'explication des intentions de leur auteur, comme nous l'avons évoqué plus haut. Ces contenus permettent d'apercevoir les limites et la mise en difficulté du traitement algorithmique des discours de haine.

L'ARSENAL DES RÉPONSES : BLOCAGE, SUPPRESSION, NEUTRALISATION

Se pose dès lors la question de la modalité de l'interdiction d'un contenu : s'agit-il de le supprimer *ex post* ou de le bloquer *ex ante ?* Dans le premier cas, un contenu supprimé ne subsiste que par la trace de sa suppression, qui se manifeste par la publication de la justification (ou d'une indication a minima). Le discours agit alors encore comme possibilité, non plus cette fois-ci dans le fait qu'elle ait blessée ou non mais dans la multiplicité d'énoncés blessants que l'on est amené à imaginer face à son absence. Par le fait même d'avoir éteint le jeu de déplacements possibles, un nouveau jeu, plus spéculatif, s'ouvre quant à savoir ce qui a bien pu mériter une telle censure. Par ailleurs, dans de nombreux cas, la trace de la publication originale a été conservée par le publiant sous forme de photo ou de capture d'écran, ce qui en fait un élément de preuve mobilisable dans la dénonciation d'un acte de censure abusif ou insensé, mais aussi ce qui semble souligner le caractère fantasmatique d'une régulation totale des discours, même par algorithme. C'est le cas notamment de publications sur Facebook comprenant le terme « pédale(s) » qui tendent à être retirées de manière abusive car elles constitueraient un discours haineux alors que la mobilisation de ce terme renvoyait effectivement au champ sémantique du cyclisme ou de la guitare, sur des pages (une page dédiée au matériel de guitare) ou associé à des images (une image d'un vélo avec une pédale cassée) qui permettaient pourtant de régler sans trop de difficultés l'indétermination du contexte. De manière encore plus problématique, certains militants LGBTQI+ ont vu leurs propos censurés ou leurs comptes temporairement bloqués pour l'usage d'un terme que la communauté s'est péniblement réapproprié. Aveugle à cette réappropriation, la suppression de ces discours peut s'apparenter, pour ces usages, à une blessure supplémentaire qui renvoie le discours à celui duquel il a justement cherché à s'émanciper.

Dans le cas, le plus emblématique et en apparence le plus efficace, où il s'agit tout simplement d'empêcher la publication d'un contenu, l'interdiction se joue de plus en plus au niveau d'un calcul de la probabilité qu'un discours enfreigne les règles d'usage de la plateforme et constitue un propos haineux. Que l'acte même de la suppression soit automatique ou requiert une validation humaine (une validation humaine qui, étant coûteuse, semble s'effectuer sur le mode le plus « machinal » !), l'enjeu demeure le même : empêcher la blessure avant qu'elle puisse être constatée. Les stratégies d'évitement dans ces cas consistent généralement à modifier un élément du discours (en écrivant par exemple « p*dale(s) ») pour échapper à la détection par le système ayant détecté et supprimé le contenu initial.

Notons également que, même dans le cas de ces contenus bloqués, puisqu'un recours est possible, et que le discours peut potentiellement être rendu de nouveau accessible, il doit subsister une trace (non publique donc non accessible) du discours, dans les « logs », fichiers permettant de stocker, au moins temporairement, l'historique des événements advenus sur le serveur, donc d'archiver un certain temps le discours supprimé. Signalons d'ailleurs que la nature et la temporalité d'une telle archive, virtuelle et secrète voire invisible, reste entière et encore faiblement problématisée à l'heure actuelle.

Une dernière modalité de régulation, plus limitée, est celle qui consiste simplement à ne pas recommander certains contenus jugés « borderline » (ceux dont l'ambiguïté de la dimension insultante apparaît comme indécidable et ne peut être révélée ni par le constat d'une blessure ni par le calcul d'une probabilité de blessure). Ces contenus restent disponibles au niveau de l'archive de la plateforme mais ne sont pas activement suggérés par cette dernière. Cette stratégie est notamment de plus en plus adoptée par des plateformes comme YouTube ou Facebook lorsqu'elles cherchent à être le moins interventionnistes possible tout en répondant aux critiques selon lesquelles ne font pas qu'héberger des discours insultants mais les amplifient et les répètent à travers leurs logiques de recommandation (Gillepsie, 2022). Le double évitement recherché par cette dernière stratégie nous donne déjà une indication sur une dimension normative plus profonde de ces plateformes : non pas tant le fait qu'elles mettent à disposition des contenus (et potentiellement n'importe quel contenu) mais que cette mise à disposition intervient dans une économie de la rareté de l'attention où il s'agit de rendre certains contenus plus visibles que d'autres. En d'autres termes, on pourrait dire que la régulation des discours proposée par ces plateformes ne porte pas sur les discours en tant que tels mais sur les discours en tant qu'ils portent la marque de leur répétition et de leur efficacité algorithmique.

LES SUITES ET RECOURS AU TRAITEMENT ALGORITHMIQUE DES DISCOURS DE HAINE

Bien entendu, des recours restent possibles en interne : si un utilisateur estime que son contenu n'aurait pas dû être supprimé, il dispose de la possibilité de contester la décision qui sera alors réexaminée, réexamen dont les modalités ne sont pas précisées (« Je pense que Facebook n'aurait pas dû enlever ma publication », *Facebook*, n.d. (2022)). Si l'utilisateur conteste la décision prise à la suite de ce réexamen, alors il pourra faire appel devant le Conseil de la Surveillance. Cet appel ne peut être réalisé que sous certaines conditions, dont dépendent la sélection par le Conseil de l'appel ou son rejet, conditions dont l'utilisateur peut prendre connaissance en remplissant un questionnaire au début de la procédure sur le site du Conseil. Le Conseil explique par exemple avoir sélectionné des appels, par exemple à propos de « photos de la nudité pour accroître la sensibilisation aux symptômes du cancer du sein », ou encore à propos d'« une publication contenant une menace supposée pour avoir critiqué des convictions religieuses ». Ce conseil est censé examiner de manière indépendante les décisions les plus délicates. Il est censé être composé de spécialistes internationaux issus d'horizons divers. Ses décisions ont par ailleurs un caractère contraignant puisqu'il peut annuler une décision préalablement prise, mais pas systématiquement puisqu'il peut aussi émettre des recommandations (« Oversight Board Bylaws », *Meta*, 2022). Il semble que cette procédure soit calquée sur le modèle des institutions juridiques, même s'il est entièrement internalisé et assoupli : pas de tiers, aucune garantie de traitement d'un recours assurée, absence de toute forme d'échange d'arguments, pas de publicité de la décision … Ces éléments sont assez évidents et ne sont pas l'objet premier de cet article. Cependant, est mise en exergue le fait qu'une telle voie *en apparence* plus judiciaire n'est en rien essentielle au développement des pratiques normatives qui nous occupent ici et qui se déroulent bien en amont.

CONSÉQUENCES NORMATIVES DEPUIS DERRIDA ET BUTLER

CONFLITS DE PERFORMATIFS

Campons rapidement le paysage décrit ci-dessus à l'aide de quelques outils théoriques, à savoir depuis la théorie du performatif. Incontestablement, nous nous trouvons face à une série de conflits entre différents types d'énoncés performatifs : des discours de haine, dont le dire blesse, d'une part, et des normes, éventuellement organisées sous forme numérique, qui tentent de leur répondre. Les juristes se sont régulièrement référés à la théorie austinienne du performatif[2] pour légitimer une intervention règlementaire face aux discours blessants, a fortiori en contexte américain étant donné l'extrême méfiance qui y règne quant au fait de porter atteinte au principe de la liberté d'expression : un discours harcelant sur le plan sexuel (Catharine MacKinnon dans *Only Words* en 1993) ou des mots racialement connotés (les auteurs de la *Critical Race Theory* par exemple dans *Words that wound* en 1993) sont directement subordonnants, blessants ou menaçants pour celles ou ceux qui les reçoivent, ils peuvent ainsi être réfléchis en tant qu'actions, depuis ce qu'ils occasionnent directement à autrui, et non pas comme discours tels que protégés par la liberté d'expression.

Toutefois, en rebondissant pour une large part sur la critique derridienne de cette théorie du performatif, qui maintiendrait selon Derrida un reste d'idéalisme en ne pouvant concevoir l'échec d'un performatif que comme accidentel (avec en corolaire une fétichisation du contexte seul à même d'expliquer la réussite d'un performatif mais aussi une distinction nécessaire entre discours sérieux et discours non sérieux…) et en s'empêchant de saisir la nature profondément citationnelle de tout énoncé performatif (Derrida, 1972 ; Berns, 2018), Judith Butler nous fait remarquer non seulement que les injures peuvent échouer ou être détournées, mais surtout qu'il faut prendre acte du fait que leur réponse règlementaire peut les confirmer voire les instituer et les établir (Butler, 1997). Ce faisant, Butler nous indique la collusion qui se noue entre l'illusion d'une souveraineté du sujet (le sujet locuteur blesserait effectivement comme il le veut par les mots qu'il utilise mécaniquement – intention, énonciation et action coïncident parfaitement) et celle d'une souveraineté politique : l'État qui réglemente, sait ce qui blesse, veut en protéger ses sujets mais ainsi établit la blessure (Berns, 2021).

2 John L. Austin, dans *How to do Things with Words*, nous invite à considérer les énoncés discursifs en ce qu'ils « font » quelque chose, en nous éloignant de l'illusion qui consisterait à réduire le langage à sa seule valeur descriptive, ou du moins à considérer que cette dernière nous en offre le sens premier. Les énoncés, loin de devoir être évalués seulement en termes de vrai et de faux, depuis leur valeur constative, en ce qu'ils disent le monde, ou encore en tant que propositions de nature « apophantique » selon le vocabulaire d'Aristote (*De l'interprétation*), peuvent aussi (et sans doute doivent toujours) être évalués en termes de réussi ou de raté, en ce qu'ils font quelque chose, en ce qu'ils participent à la fabrication du monde (Austin, 1962).

Pour Butler comme pour Derrida avant elle, le performatif doit se penser non seulement depuis une structure conventionnelle (entendue comme rapport intentionnel à un contexte), mais depuis sa structure itérable ou citationnelle, et donc aussi depuis sa possible décontextualisation, sa capacité à rompre par rapport à un contexte intentionnel et à subsister à cette rupture : une telle structure citationnelle désigne donc tout autant le caractère répétable, que l'altération que comprend toute répétition. Ou encore, à un niveau plus technique, il faut cesser de réduire le performatif à sa dimension illocutoire, avec l'incorporation de l'acte dans l'énoncé que ceci désigne, pour l'interpréter plutôt (*a fortiori* pour des actes de langage comme les injures) dans sa dimension perlocutoire (l'acte comme possible conséquence du dire, avec la distance que ceci installe entre le dire et la blessure, et donc la place que ceci laisse à la possibilité de voir des énoncés être détournés).

GÉRER LA VIRALITÉ DE MANIÈRE INDOLORE ?

Nous avons vu combien la gestion algorithmique des injures peinait à faire face à la multiplicité des contextes tout en restant entièrement soumise à l'idée que ceux-ci seuls déterminent la nature d'une performance comme s'ils étaient disponibles ou devaient l'être. Nous avons vu aussi que ceci donnait lieu à une illusoire demande de clarification de ces contextes par l'explicitation des intentions des locuteurs (quand ils sont bien intentionnés !) mais aussi à un refus des plateformes d'assumer le fait qu'elles génèrent sans cesse des nouveaux contextes d'énonciation qui ne sont donc pas uniquement des expressions de contextes qui leur préexisteraient. Peut-être qu'une des raisons de ce déni est que ces « contextes » numériques nous mettent, plus que jamais, face à la dimension profondément citationnelle du langage : non seulement toute interaction numérique se présente et se légitime comme une citation du réel, mais une grande partie des interactions n'est explicitement rien d'autre que la citation d'un élément déjà présent sur le net, avec la dimension virale que nous connaissons désormais. En ce sens, de par ce mélange d'exigence de clarté et de déni, la réglementation algorithmique par les grandes plateformes risque non seulement de maintenir le langage dans sa dimension la plus illocutoire mais de l'exacerber en imaginant une scène linguistique parfaitement épurée où toute interaction pourrait se comprendre comme une mobilisation souveraine de sens.

Comment comprendre un tel retour à une approche très règlementaire du langage, avec la naïveté qui l'accompagne (réclamer la clarification des intentions, ne pas percevoir la prolifération des contextes …) ? Nous devons ici nous arrêter sur deux aspects, profondément corrélés entre eux, spécifiques à la dimension numérique du phénomène du langage, et par dimension numérique il faut entendre le fait que le cadre de l'injure aussi bien que la réponse qui lui est apportée sont de nature numérique. Il s'agit d'une part de vouloir répondre non pas tant aux injures elles-mêmes qu'à leur viralité, à leur répétition, avec la particularité que celle-ci se présente sous la forme suivante : certes cette viralité est empreinte de variation, de changement de contexte mais l'injure est considérée en son sein comme si elle se maintenait intacte au sein-même de ces mouvements. La perspective derridienne de la citation semble de ce point de vue exactement renversée : au sein du changement et de la variation, le même, l'identité à soi de l'injure, continue d'être ce à l'aune de quoi toute citation sera observée. Il s'agit d'autre part, et en conséquence de vouloir faire face à ceci de la manière la plus radicalement indolore, en s'approchant le plus possible d'un effacement de l'injure, à la racine, à son origine même. À nouveau, la perspective derridienne de la citation semble ainsi exactement renversée dans cette prétention à saisir un phénomène citationnel au plus près de son origine, sans la différer.

Si on se réfère maintenant, sur une telle base, aux hypothèses butleriennes selon lesquelles la réponse règlementaire pourrait être une manière d'établir voire de décréter la blessure, la réponse algorithmique aurait pour particularité d'instaurer les déplacements suivants. D'une part, un tel établissement de la blessure pourrait (sembler) être évité puisqu'il serait, idéalement, possible d'effacer comme tel l'insulte, de ne pas la laisser apparaître (même si on a vu combien c'est là un fantasme). D'autre part, et en conséquence, est semblablement empêchée toute forme de déplacement, de reprise décontextualisante de l'injure, puisque tout simplement celle-ci n'apparaît pas… et que toute forme de reprise est d'abord suspecte, sauf accompagnée d'une clarification de la bonne intention du locuteur !

Bien sûr, il s'agit là d'une scène idéale ! Dans les faits, la régulation algorithmique des injures ne permet pas d'éviter la violence inhérente à toute réglementation. Il ne s'agit pas là d'un élément de critique facile mais d'un constat réaliste : toute régulation porte un fond de violence incompressible, établit des partages entre ce qui peut être dit et ce qui ne peut pas être dit, entre ce qui est légitime ou illégitime, qui sont institués comme tels par l'institution qui a en charge cette régulation. Or, et c'est sans doute là la grande différence entre la réponse « proactive » ou automatique proposée par les plateformes et la réponse plus classiquement juridique, la première ne se pense pas comme une institution qui aurait pour responsabilité de tels partages, et dans un tel cadre, la blessure ne comparaît d'aucune manière, elle est évitée. Sans même parler de la difficulté à accéder à la convention, ou au code informatique à partir duquel l'interdiction est opérée, la dimension secrète et virtuelle de l'archive pointée ci-dessus dans les cas de suppression de contenus, suffit à souligner cet évitement. Là où le droit doit citer l'injure pour pouvoir l'interdire – la confirmant de la sorte mais montrant déjà, en creux, par cette citation même, que le déplacement de sens et des effets est possible – le réglementation de plus en plus automatisée doit de moins en moins passer par une telle citation et ce a fortiori avec des systèmes qui reposent sur un apprentissage par des algorithmes de ce qui *risque* de blesser, apprentissage nourri par des discours passés. Plus encore, la citation, et ce qu'elle implique en termes d'épreuve dont la réussite est toujours fragile ou incertaine, se dissout dans le processus d'« apprentissage » algorithmique dont la spontanéité et la naturalité apparentes seraient étrangères à toute artificialité qui marque l'exercice du pouvoir juridico-politique classique. Par cette rapide confrontation entre régulation par le droit et régulation automatisée, nous ne voulons pas plaider pour le maintien, utopique, du monopole de la première, mais simplement pointer, hors de toute considération quant au fait de savoir quels sont les agents normatifs légitimes, ce qui est au final dissout dans la seconde, à savoir : l'épreuve même de la citation, avec l'incertitude qu'elle comprend et dont elle témoigne.

L'évitement de toute blessure, de toute violence par les grandes plateformes numériques frappe d'autant plus par l'incroyable ubiquité et ampleur de leurs médiations. Aucun système de régulation juridique des discours ne peut se targuer d'une telle extension planétaire, ni d'une telle granularité de son insertion quotidienne. L'ampleur du système de citation numérique ne repose pas simplement sur un oubli des particularités et des contextes locaux à partir desquels on pourrait reconstruire le sens « véritable » (et donc les effets « réels ») en cas de différend ou d'indétermination, mais constitue le nouveau contexte d'énonciation sur une scène linguistique désormais profondément virale et citationnelle. Les performances des systèmes apprenants dont les sorties sont produites en boucle avec leurs « utilisateurs » humains dans une logique probabiliste et non plus déterministe, nous éloignent eux-mêmes d'une répétition machinique qui serait purement illocutoire et nous rapprochent d'une efficacité perlocutoire marquée par l'indisponibilité de la convention, du contexte et des locuteurs d'« origine » (Berns et Reigeluth, 2021, p. 127-131 ; Reigeluth, 2023). La machine n'est pas condamnée à être l'illustration d'un illocutoire idéalisé, son efficacité se présente à travers son ouverture à des interactions partiellement indéterminées. Disant cela, nous ne voulons pas soutenir que la dimension numérique du langage serait radicalement autre, mais au contraire qu'elle nous confronte plus que jamais à ce qu'une conception idéalisée du langage aurait rendu incompréhensible, à savoir le fait que le langage produit toujours des effets au-delà de son contexte et de son intention. Reconnaître ce débordement du langage sur lui-même n'implique pas forcément un laisser-dire ou un abandon de toute tentative de réguler les discours, mais nous enjoint à reconnaître que l'interdiction, qu'elle soit algorithmique ou juridique, ex ante ou ex post, ne peut manquer de relancer la machine citationnelle, c'est-à-dire l'usage effectif du langage. Ce que le traitement algorithmique nous invite à penser, au minimum, c'est une régulation du langage pour lequel il n'y aurait plus de dehors, et qui donc participe elle-même pleinement au langage.

Nous aimerions clore en indiquant un enjeu éthique et politique ultime qui demanderait à être exploré plus en avant et qui ouvre sur une articulation plus profonde entre le traitement algorithmique des discours de haine et la liberté d'expression. L'interdiction ne constitue pas le dehors ou la limite du discours, mais son intériorité mouvante. C'est *parce que* les mots risquent toujours de blesser que nous pouvons encore faire attention aux mots que nous utilisons, que certains mots ont plus de poids que d'autres, que nous pouvons discerner leurs différents effets possibles et être étonnés par leurs effets ou reprises imprévus. Le danger d'une régulation automatique des discours – et nous ne visons pas ici une tendance inhérente au "numérique" mais bien les rapports de pouvoir qui se jouent sur ses plateformes plus monopolistiques – qui chercherait à éviter la blessure avant même qu'elle ne survienne réside dans l'illusion de pouvoir libérer les sujets du poids des mots, aussi bien pour ceux qui subiraient une injure que pour ceux qui seraient susceptibles de blesser et qui ne "peuvent plus rien dire". Ce qui ne revient pas à dire que cela nous priverait simplement d'une occasion d'exercer nos responsabilités individuelles mais surtout d'une épreuve de la conflictualité de la vie sociale qui s'exprime dans le langage. En d'autres termes, la question n'apparaît absorbable ni par la seule réflexion éthique, ni par une approche purement juridique mais renvoie toujours aux rapports de force politiques au sein desquels le dicible et l'indicible se partagent. Le fait de toujours pouvoir dire « tu ne peux pas dire ça », quand bien même aucune sanction formelle ne le soutient, ou de toujours pouvoir dire ce qu'on nous a interdit de dire, – sorte de réserve de droit naturel au sens spinoziste qui témoigne de l'obstacle incompressible auquel toute prétention de souveraineté absolue doit faire face en gouvernant les actes et les paroles des sujets (Spinoza, 1965, p. 277-279) – indique bien que la limite du langage ne cesse de se jouer au travers de son usage même. L''idéal d'un langage qui s'autorégulerait par un processus purement technique (mais dont l'efficacité reposerait sur son refus de toute artificialité) risque non seulement de rater cet usage effectif mais de rendre inconséquent la possibilité même d'être blessé.

Grégoire Ben-Aïssa
Science Po Lille

Thomas Berns
Université Libre de Bruxelles

Tyler Reigeluth
Université Catholique de Lille /
ETH+ / ETHICS (EA 7446)

BIBLIOGRAPHIE

MATÉRIAU DE RECHERCHE

« Discours haineux ». *Meta Transparency Center.* (n.d.). Consulté le 17/12/2022. URL : https://transparency.fb.com/fr-fr/policies/community-standards/hate-speech/.

« Je pense que Facebook n'aurait pas dû enlever ma publication. ». *Facebook.* Consulté le 17/12/2022. URL : https://www.facebook.com/help/2090856331203011?helpref=faq_content.

« Oversight Board Bylaws ». *Meta.* Janvier 2022. Consulté le 17/12/2022. URL : https://about.fb.com/wp-content/uploads/2020/01/Bylaws_v6.pdf.

« Standards de la communauté Facebook ». *Meta Transparecy Center.* (n.d.). Consulté le 17/12/2022. URL : https://transparency.fb.com/fr-fr/policies/community-standards/?source=https%3A%2F%2Fwww.facebook.com%2Fcommunitystandards%2F.

OUVRAGES ET ARTICLES

Austin, J.L. (1962). *How to do things with words.* Oxford : Oxford University Press.

Berns, T. (2018). De la gravité de la loi au prosaïsme du droit, avec Derrida. *Éthique, politique, religions.* N° 12. 2018-1. p. 45-58. DOI : 10.15122/isbn.978-2-406-08298-9.p. 0045.

Berns, T. (2021). Insult and Post-sovereign Law as Juridicity. *Political theology.* Vol. 22. N° 2. p. 147-154, DOI : DOI10.1080/1462317X.2021.1885828.

Berns, T., Reigeluth, T. (2021). *Éthique de la communication et de l'information. Une initiation philosophique et situation technologique avancée*, Bruxelles : Presses Universitaires de Bruxelles.

Butler, J. (1997). *Excitable Speech. A Politics of the Performative*, Londres : Routledge.

Derrida, J. (1972). Signature, événement, contexte : Écriture et télécommunication. *Marges de la philosophie.* Paris : Les Éditions de Minuit.

Gillepsie, T. (2018). *Custodians of the Internet : Platforms, Content Moderation, and the Hidden Decisions That Shape Social Media*, New Haven : Yale University Press.

Gillepsie, T. (2022). Do Not Recommend ? Reduction as a Form of Content Moderation. *Social Media + Society.* Vol. 8. N° 3. DOI : 10.1177/20563051221117552.

Gorwa, R., Binns, R., Katzenbach, C. (2020). Algorithmic content moderation : Technical and political challenges in the automation of platform governance. *Big Data & Society.* Vol. 7. N° 1. DOI : 10.1177/2053951719897945.

Herwanto, H. G., Trisna, N. P. (2019). Hate Speech and Abusive Language Classification Using fastTest. *International Seminar on Research of Information Technology and Intelligent Systems (ISRITI).* DOI : 10.1109/ISRITI48646.2019.9034560.

Martins, R., Gomes, M., Almeida, J. J., Novais, P., Henriques, P. (2018). Hate speech classification in social media using emotional analysis. *7th Brazilian Conference on Intelligent Systems (BRACIS).* DOI : 10.1109/BRACIS.2018.00019.

Putri, T. T. A., Sriadhi, S., Sari, R. D., Rahmadani, R., Hutahaean, H. D. (2020). A comparison of classification algorithms for hate speech detection. *IOP Conference Series : Materials Science and Engineering.* DOI : 10.1088/1757-899X/830/3/032006.

Reigeluth, T. (2023, à paraître). Machine Learning Normativity as Performativity. In Lindgren, S. (éd.). *Handbook of Critical Studies of Artificial Intelligence.* Cheltenham, UK : Edward Elgar Publishing.

Spinoza, B. (1965). *Traité théologico-politique.* Trad. Ch. Appuhn. Œuvres II. Paris : Garnier-Flammarion.

Vinot, R., Grabar, N., Valette, M. (2003). Application d'algorithmes de classification automatique pour la détection des contenus racistes sur l'Internet. *Actes de la 10e conférence sur le Traitement Automatique es Langues Naturelles.* Articles longs. p. 275-284, URL : https://aclanthology.org/2003.jeptalnrecital-long.26. Consulté le 11/04/2023.

VARIA

SCEPTICISME MORAL ET PARADOXE

Guy de Bruès contre les « Nouveaux Académiciens »

Dans une étude bien connue, Richard Popkin soutient que la redécouverte du scepticisme antique à la Renaissance a eu lieu notamment à partir des traductions latines, faites par H. Estienne (1562) et G. Hervet (1569), des œuvres du médecin et philosophe pyrrhonien Sextus Empiricus. Ces traductions ont été aussitôt lues et utilisées dans des réflexions menées par des auteurs de la Renaissance, à l'exemple de Montaigne[1]. Dans une certaine mesure, la thèse de Popkin est corroborée par l'étude de Charles Schmitt sur les *Academica* de Cicéron, confirmant que le regain d'intérêt pour les *Academica*, ouvrage peu commenté jusque-là, a lieu à la même période où paraît la traduction de Sextus Empiricus[2]. Puisque les œuvres de Sextus Empiricus et de Cicéron sont les principales sources connues sur le scepticisme antique, chacune d'elles représentant l'un des deux courants de cette philosophie, soit le pyrrhonisme et la philosophie de la Nouvelle Académie[3], il paraît s'ensuivre que la redécouverte du scepticisme a été essentiellement un résultat de la redécouverte du pyrrhonisme.

Cet article va dans le même sens que des études récentes qui ont contribué à relativiser cette thèse[4], tout en se concentrant sur un aspect

1 Voir Richard Popkin, *The History of Scepticism from Savonarola to Bayle*, Oxford, Oxford University Press, 2003.

2 Voir C.B. Schmitt, *Cicero Scepticus. A study of the influence of the Academica on the Renaissance*, Dordrecht, Springer Science + Business Media, 1972.

3 Notons que le terme « scepticisme », absent chez Cicéron, a été introduit par Sextus Empiricus pour désigner son propre courant du pyrrhonisme. Voir Sextus Empiricus, *Esquisses Pyrrhoniennes. Hipotiposeon Pirroneon* (ci-après HP), trad. Pierre Pellegrin, Paris, Seuil, 1997, I 1-4, 7, 11. J'emploie ici le terme « sceptique » pour désigner aussi bien la position des Pyrrhoniens et des Nouveaux Académiciens, conformément à l'usage établi dans les commentaires, malgré le fait que ce terme provient de Sextus. Aussi j'emploierai « Académicien », et non « Académicienne », pour nommer la philosophie et le philosophe de cette école, suivant l'usage de Bruès.

4 Voir, par exemple, J.R. Maia Neto, « Academic Scepticism in Early Modern Philosophy », *Journal of the History of Ideas*, vol. 58, n° 2, avril 1997, p. 199-220 ; *id.*, *Academic Scepticism*

particulier de ce phénomène. Étant donné les dimensions les plus évidentes de la philosophie sceptique et la manière dont celle-ci est toujours discutée et comprise, il n'est pas étonnant qu'une plus grande attention ait été accordée à l'aspect épistémologique de cette philosophie. Les études sur le renouveau du scepticisme visaient généralement à comprendre comment certains aspects de cette philosophie ont alimenté des problèmes tels les doutes radicaux sur la connaissance du « monde extérieur » ou sur la fiabilité de nos facultés intellectuelles dans les *Méditations* de Descartes. Ici, je me concentrerai néanmoins sur une autre facette de cette philosophie : le scepticisme moral et politique ; en particulier, tel qu'il est exposé dans les *Dialogues de Guy de Bruès contre les Nouveaux Académiciens* de 1557. Écrit par un jeune juriste de la région de Nîmes entretenant de bonnes relations avec le cercle de la Pléiade, cet ouvrage ne semble pas avoir connu une grande popularité ni à son époque ni par la suite. Les *Dialogues* sont importants pour notre propos, toutefois, non seulement parce qu'ils se concentrent explicitement sur notre sujet, à savoir le scepticisme moral et politique, mais encore dans la mesure où ils ont représenté une source importante pour les *Essais* de Montaigne, ayant certainement collaboré à la manière dont l'auteur bordelais réfléchissait sur ces thèmes[5].

Pour donner une indication de la pertinence de cette discussion à cette période-là, je citerai un passage du *De iure belli ac pacis* (1625) dans lequel Hugo Grotius évoque l'académicien sceptique Carnéade. Celui-ci apparaît comme un porte-parole de ceux qu'il entend réfuter pour avoir nié la « réalité du droit » :

> Ce philosophe ayant entrepris de combattre la justice, principalement celle dont nous nous occupons en ce moment, n'imagina pas d'argument plus fort que celui-ci : les hommes se sont imposés en vue de leur intérêt des lois qui varient suivant leurs mœurs, et qui, chez les mêmes peuples changent souvent

---

in Seventeenth-Century French Philosophy : The Charronian Legacy 1601-1662, Dordrecht, Springer, coll. « International Archives of the History of Ideas », 2015 ; S. Charles, J. P. Smith (éds.), *Academic Scepticism in the Development of Early Modern Philosophy*, Dordrecht, Springer, coll. « International Archives of the History of Ideas », 2017.

5 Pierre Villey signale que Montaigne suit *verbatim* des passages de Bruès dans l'*Apologie* au moins quatre fois, comme ici : « Il ne faut que savoir que le triangle de la main, celuy de Venus au pouce, et de Mercure au petit doigt, et que, quand la mensale coupe le tubercule de l'enseigneur, c'est signe de cruauté, etc. ». Pour les deux auteurs, il s'agit en effet de critiquer cette pratique. Voir Pierre Villey, *Les sources et l'évolution des Essais de Montaigne*, Paris, Hachette, 1933, II, p. 95 ; *cf. Les Essais*, II, 12, 560A ; I, B 94.

> avec le temps. Quant au droit naturel, il n'existe point ; tous les êtres, tant les hommes que les autres animaux, se laissent entraîner par la nature vers leur utilité propre. Ainsi donc, ou bien il n'y a pas de justice, ou, s'il en existe une, elle n'est qu'une suprême folie, puisqu'elle nuit à l'intérêt individuel en se préoccupant de procurer l'avantage d'autrui[6].

Grotius s'appuie sur la présentation de la philosophie de Carnéade dans le *De Republica* de Cicéron, cité par Lactance dans les *Institutions divines*[7]. Parmi les raisons alléguées, nous reconnaissons le célèbre argument sceptique de la diversité des lois et des coutumes, présent aussi bien chez Sextus Empiricus et Cicéron. Qui plus est, et contrairement au scepticisme pyrrhonien de Sextus Empiricus, Carnéade se déclare ouvertement *contre* la Justice, argumentant qu'elle s'oppose à l'intérêt individuel et à ce que la nature nous recommande comme utile. Pris isolément, un tel argument correspond à celui que nous trouvons chez les sophistes grecs, dans la *République* ou dans le *Gorgias* de Platon, et s'identifie à ce que l'on appelle aujourd'hui plus communément le « scepticisme moral » dans la littérature philosophique[8]. Toujours est-il qu'il ne correspond pas à la position du sceptique Carnéade lui-même : les arguments présentés *contre* la Justice (dans un premier discours, lors de sa célèbre mission diplomatique à Rome) ne représentent pas sa position personnelle. Carnéade a également plaidé *en faveur* de la Justice (dans un discours présenté deux jours après le précédent)[9]. Après tout, il s'agit d'argumenter conformément à la méthode académique, des deux côtés (*in utramque partem*) de la question, afin de mettre à l'épreuve la malléabilité de la raison et d'engendrer la suspension du jugement (*epokhé*) sur ce qui est incertain. Ou, pour parler comme Cicéron, afin d'engendrer la rétention de l'assentiment (*adessentio retentio*)[10].

---

6 Hugo Grotius, *Le droit de la guerre et de la paix (De iure belli ac pacis)*, trad. M. P. Pradier-Fodéré, Paris, Libraire de Guillaumin et Cie., 1865, vol. I, Prolegomena, V, p. 4-5.

7 Lactance Firmian, *Des divines institutions, contre les Gentils et idolatres. Traduit de latin en françois, et dedié au treschrestien roy de France par René Fame, notaire et secretaire du dit Seigneur. Reveu et corrigé de nouveau sur le latin*, Lyon, Jean de Tournes, 1587, V, xvii, p. 434. Disponible sur https://www.e-rara.ch.

8 Voir, par exemple, Bernard Williams, *Ethics and the Limits of Philosophy*, Cambridge-MA, Harvard University Press, 1985, ch. 2.

9 Voir Cicéron, *De la République – Des loix (Fragmenta ex libris de Republica – De Legibus)*, Paris, Garnier Frères, 1954, III, vi, p. 143. Dorénavant *De Rep.*

10 Cicéron, *Les Académiques. Academica*, trad., notes et bibliographie par J. Kany-Turpin, Paris, 2010, II, 59. Dorénavant *Acad.*

Quelle serait donc la position philosophique de Carnéade sur la Justice et la Morale ? Question difficile à laquelle, selon Cicéron, même son disciple Clitomaque ne semble pas avoir connu la réponse[11]. Il n'en reste pas moins que, dans l'impossibilité d'utiliser un critère de vérité, tant les pyrrhoniens que les académiciens ont proposé des critères d'action destinés à guider la vie pratique. Les pyrrhoniens, reporte Sextus Empiricus, adhéraient au *phainómenon* (littéralement, « ce qui apparaît »), dont l'un des aspects est la « tradition des lois et coutumes » de l'endroit où l'on vit[12]. Carnéade, lui, aurait prôné la « représentation persuasive » (*phantasía pithané*) ou, dans la terminologie de Cicéron, l'« approuvable » (*probabile*) appelé également « ce qui semble être vrai » (*veri simile*[13]). Et en quoi un tel critère consiste-t-il ? Bien qu'il possède plusieurs versions chez les académiciens grecs, chez Cicéron ce critère permettrait d'adopter, d'une part, la suspension du jugement dans l'examen des thèmes philosophiques et, d'autre part, la défense de la tradition romaine du *mos maiorum*, des coutumes anciennes, et même l'adoption de positions philosophiques proches du platonisme (comme étant seulement plus « approuvables » que celles de leurs rivaux)[14]. Sans nous attarder sur ce point, contentons-nous de dire que cela permet de comprendre pourquoi le scepticisme a parfois été associé, à divers moments de l'histoire, à une forme de « conservatisme » moral ou politique.

Pour en revenir à notre sujet, le passage de Grotius que nous avons cité plus haut peut-il indiquer l'existence d'un débat sur le scepticisme moral et politique dans le contexte dans lequel il écrit ? Celui-ci prétend que sa référence à Carnéade est justifiée par l'impossibilité de discuter avec une « multitude d'adversaires » qui adoptent la même position[15]. Un commentateur au moins, en l'occurrence Richard Tuck, comprend qu'il s'agit d'une allusion aux « sceptiques » contemporains tels Montaigne et Charron, auteurs qui se sont en fait approprié des idées héritées du scepticisme antique[16]. Dans son *Apologie de Raymond Sebond*,

11 *Ibid.*, II, 139.

12 HP I, 21-24.

13 *Acad.*, II, 32, 98 et suiv., 104-108.

14 Voir Carlos Lévy, *Cicero Academicus. Recherches sur les Académiques et sur la Philosophie Cicéronienne*, Palais Farnèse, École Française de Rome, 1992, en particulier partie IV, p. 335-534.

15 Voir Grotius, *op. cit.*, p. 4.

16 Richard Tuck, « Grotius, Carneades et Hobbes », *Grotiana*, n° 4, 1984, p. 48. Ce commentateur prend le terme « sceptique » dans un sens assez large, désignant tous

Montaigne s'oppose en effet à l'existence de lois naturelles, notamment dans le domaine de la morale, sur la base d'un argument d'inspiration pyrrhonienne :

> Ce qui nature nous auroit veritablement ordonné, nous l'ensuivrions sans doubte d'un commun consentement. Et non seulement toute nation, mais tout homme particulier, ressentiroit la force et la violence qui luy feroit celuy qui le voudroit pousser au contraire de cette loy. Qu'ils m'en montrent, pour voir, une de cette condition[17].

Il se trouve que Montaigne, malgré son pyrrhonisme, s'approprie des idées de la Nouvelle Académie qu'il trouve chez Cicéron (entre autres sources, comme Plutarque) non seulement dans les *Académiciens*, mais aussi dans d'autres dialogues philosophiques, comme *Sur les fins*, *Tusculanes* ou *Sur la nature des dieux*. De tels dialogues circulaient déjà au XVIe siècle et ils nous semblent offrir un indice plus prometteur pour reconnaître la présence du scepticisme académique à cette époque-là, notamment dans le domaine de la morale[18].

Nous avons vu que Grotius n'a retenu, pour ses besoins, que les arguments négatifs de Carnéade, c'est-à-dire contre la Justice, et nous ne savons pas s'il les a identifiés directement avec la position des sceptiques. Selon Lactance, sa source, Carnéade n'aurait pas opposé les arguments pour et contre la Justice « comme un grave philosophe (l'opinion duquel

---

ceux qui ont proposé des réflexions politiques de prudence sur la base de « maximes non théoriques admises comme incertaines », comme Machiavel ou Justus Lipsius. Cet aspect est peut-être pertinent pour caractériser une position comme « sceptique » dans ce contexte. Mais ces philosophes en particulier ne se prétendaient pas sceptiques et, pour autant que je sache, n'utilisaient pas le scepticisme dans un sens plus précis d'un point de vue historique.

17 Michel de Montaigne, *Les Essais*, II, 12, éd. P. Villey et V. Saulnier, 3 vols., Paris, PUF, coll. Quadrige, 580A. Pour une analyse de la reprise par Montaigne de l'argument pyrrhonien de Sextus sur la morale, voir Luiz Eva, « Critique de la morale dogmatique et vie sans croyances. Montaigne lecteur de Sextus », dans Castelnérac Benoît et Malinowski-Charles Syliane (éd.), *Sagesse et bonheur : études de philosophie morale*, Paris, Hermann, 2013, p. 115-140. Pour un examen du développement ultérieur du scepticisme dans la philosophie morale moderne, voir : Jerome Schneewind, « Natural Law, Scepticism and Methods of Ethics », *Journal of the History of Ideas*, vol. 52, n° 2, avril-juin 1991, p. 289-308 ; J.-C. Darmon, P. Desan, G. Paganini (dir.), *Scepticisme et pensée morale. De Michel de Montaigne à Stanley Cavell*, Paris, Hermann, 2017.

18 Pour un examen du rôle de Montaigne dans la diffusion du pyrrhonisme, voir R. Popkin, *op. cit.*, en particulier ch. 3. Sur la réception des *Academica* de Cicéron par Montaigne, voir Luiz Eva, « Montaigne et les *Academica* de Cicéron », *Astérion*, n° 11, IHRIM/Triangle-ENS Éditions, 2013, p. 1-45.

doit être ferme et stable), ains [plutôt] que par forme d'exercice d'orateur de disputer pour l'une & l'autre partie[19] ». Par ailleurs, nous trouvons bel et bien dans les *Dialogues* de Bruès une identification directe entre la position de la Nouvelle Académie et les arguments négatifs que Carnéade a utilisés, sur la base desquels les interlocuteurs qui représentent cette position entendent soutenir que « tout est opinion » en discourant contre la Vertu, la Rectitude morale et les Lois. Cela dit, Bruès se donne pour objectif dans cet ouvrage, comme l'annonce déjà le titre, de réfuter cette philosophie qui, à en juger par son Épître dédicatoire au Cardinal de Lorrayne, trouvera d'autres défenseurs à son époque. Puisque la philosophie des Nouveaux Académiciens amènerait au mépris de la religion et de l'autorité de la Justice, il faut, dit-il, « secourir la fragilité des hommes, par ce que je voy, que l'opinion que nous avons conceüe en nostre enfance, nous ameine au vice ou à la vertu[20] ». Cela devient urgent car « plusieurs qui estiment que tout consiste en l'opinion tant seulement, sans qu'ils fassent la différence de ce qui est certain d'aveq ce qui ne l'est pas, ny du vice d'aveq la vertu ». C'est contre cela, dit Bruès, qu'il a travaillé « pour leur faire recognoistre leur detestable ignorance, et leur faire entendre, que Dieu a imprimé dans nos ames les divines notices, qui sont des marques tresasseurées, par le moien desquelles nous discernons les choses honnestes d'aveq celles deshonestes ».

Que le scepticisme moral soit ou non effectivement répandu à cette époque-là comme le suggèrent ces auteurs, Bruès offre ici sa propre conception de cette philosophie, et sa conception est sans doute pertinente pour notre enquête. La manière dont Bruès s'acquitte de sa tâche a néanmoins éveillé des soupçons sur ses véritables intentions. On a prétendu qu'il pourrait être un sceptique déguisé, étant donné la manière apparemment insuffisante dont il défend les positions contraires et dont il réfute celle des sceptiques[21]. Ici, je m'en tiendrai à proposer

---

19 Lactance, *op. cit.*, V, xv, p. 428.

20 Guy de Bruès, Préface de l'Auteur, non numéroté (p. 90 dans l'édition Morphos pour les références de ce paragraphe). *Cf.* Panos Paul Morphos, *Les Dialogues de Guy de Bruès*, Baltimore, Johns Hopkins Press, 1953. J'utilise cette édition pour les citations de Bruès (dorénavant B) tout en indiquant la page de l'édition publiée à Paris chez Guillaume Cavellat en 1557, informée en marge dans l'édition moderne.

21 Pour une exposition de ce débat, voir Jean-Claude Carron, « Dialogical Argument : Scripting Rhetoric (the case of Guy de Bruès's *Dialogues*) », *South Central Review*, vol. 10, n° 2, The Johns Hopkins University Press, 1993, p. 20-31. Selon Carron, Villey aurait été le premier commentateur moderne à se méfier de l'argumentation de Bruès dans la

une nouvelle lecture de la présence du scepticisme dans l'œuvre de Bruès qui, comme nous le verrons, a des conséquences au regard des questions plus générales présentées ici. Ma suggestion est que la relation entre les *Dialogues* de Bruès et la philosophie de la *Nouvelle Académie* exposée par Cicéron est plus complexe et devrait être considérée sur au moins deux niveaux distincts. Le premier niveau est celui de la discussion explicite de la position académique, défendue par Baïf et Aubert, et attaquée par les autres interlocuteurs du dialogue (Ronsard et Nicot). Ici, le scepticisme est caractérisé uniquement sur la base de la partie négative de l'argumentation *in utramque partem :* contre la Justice, dans le cas de Carnéade ; contre la rectitude morale et contre les lois, dans le cas de Bruès. Nous verrons cependant que tous les personnages du dialogue sont d'accord, directement ou indirectement, sur d'autres points qui reflètent, à un deuxième niveau, une compréhension plus subtile et plus profonde de cette philosophie. Les diverses considérations sur la méthode philosophique et sur le statut approprié au moyen duquel les différentes positions sont admises dans le dialogue correspondraient ainsi à une autre manière dont Bruès lui-même aurait compris la philosophie de la Nouvelle Académie à partir des textes de Cicéron.

Cette lecture pose certes des problèmes immédiats, à commencer par le fait que nous attribuons à Bruès, au second niveau, une position fondamentalement sympathique à la philosophie de la Nouvelle Académie. Cette position se heurte frontalement à celle qu'il tient à expliciter dans la Préface et à l'attitude de réfutation qui prévaut dans le dialogue. Cependant, j'espère que cette lecture deviendra moins invraisemblable lorsque nous observerons comment les *Dialogues* de Bruès sont en phase

mesure où il mettait en évidence la faiblesse de la réponse aux positions sceptiques, sans toutefois mettre en doute l'intention de l'auteur. Voir Pierre Villey, *op. cit.*, p. 170-173. Busson (*op. cit.*, 1971, p. 423) et Morphos (Guy de Bruès, *op. cit.*, 1953, p. 26) ont réfléchi plus sérieusement sur la possibilité d'une alliance voilée entre Bruès et les sceptiques. Voir : Henri Busson, *Le rationalisme dans la littérature française de la Renaissance*, Paris, Vrin, 1971, p. 423 ; Panos Paul Morphos, « Un aspect du scepticisme et du relativisme de la Renaissance », dans Guy de Bruès, *op. cit.* p. 26. G. Boas, selon Popkin, « conclut en suggérant que la minutie avec laquelle Bruès a présenté les thèses du scepticisme peut indiquer qu'il plaidait en effet pour cette position plutôt qu'il la réfutait ». G. Boas, *Dominant Themes of Modern Philosophy*, New York, Ronald Press, 1957, p. 71-74, *apud* R. Popkin, *op. cit.*, 2003, p. 314, note 8. Parmi ceux qui rejettent cette possibilité, voir Thomas Greenwood, « L'éclosion du scepticisme pendant la Renaissance et les premiers apologistes », *Revue de l'Université d'Ottawa*, vol. 17, 1947, p. 69-99 ; M. K. Bénouis, *Le dialogue philosophique dans la littérature française du seizième siècle*, Paris, Mouton, 1976.

avec les pratiques littéraires de cette période-là, en particulier dans la littérature dite du paradoxe, ou *declamatio*, et avec le dialogue philosophique cicéronien, que nous aborderons dans les deuxième et troisième parties de ce texte. Je pense que ma démarche peut à la fois éclaircir le sens de cette contradiction apparente et les différents aspects sous lesquels cette philosophie est considérée dans l'œuvre, en fournissant des indications sur la signification du scepticisme en matière de morale et de politique dans le contexte précis dans lequel Bruès écrit. De plus, elle peut replacer l'œuvre de Bruès dans un processus qui se déroule tout au long du XVIe siècle. Le genre littéraire de la *declamatio* s'est progressivement investi d'une dimension philosophique qui se présentera plus clairement dans les *Essais* de Montaigne et même, peut-être, au-delà. Mais avant d'en venir à cette discussion, il convient de faire une présentation synthétique des arguments sceptiques et de leurs réponses tels qu'ils sont présentés dans le texte. Je me contenterai de me limiter ici, pour des raisons d'espace, à ceux concernant la morale (deuxième dialogue) et les lois (troisième dialogue).

LA RÉFUTATION DES « NOUVEAUX ACADÉMICIENS »

Les *Dialogues* de Bruès sont divisés en trois parties dans lesquelles discutent quatre personnages. Comme je l'ai annoncé plus haut, deux des personnages entre eux (Baïf dans le premier et Aubert dans les deux suivants) se chargent de défendre la thèse selon laquelle « tout est opinion ». Autrement dit, rien ne diffère de la simple « apparence et vraisemblance des choses incertaines : car l'opinion s'engendre et se parfait en nous par un consentement, sans qu'il y ait aucune cause nécessaire : à raison de quoy elle est incertaine et peu asseurée » (B 10). Invariablement abandonnée à la fin de chaque discussion, la « thèse » académique est proposée de nouveau et débattue autour d'un thème davantage restreint. Dans le premier dialogue, Baïf la défend dans son sens le plus général (autour de thèmes métaphysiques et épistémologiques) ; dans le deuxième, Aubert soutient que le vice et la vertu sont des produits de l'opinion, et dans le troisième, que celui-là serait le cas au moins pour les lois civiles. En revanche, d'autres personnages se chargent notamment de répondre à chaque fois (Ronsard dans le premier dialogue, ensuite Nicot) exposant des contradictions et soutenant eux-mêmes, alternativement, des positions philosophiques sur la moralité composées d'éléments tirés de Platon, de Cicéron et d'Aristote. *Grosso modo*, ils soutiennent que la raison est capable de déterminer la différence entre ce qui est moralement correct (« honneste ») et ce qui est incorrect grâce à des « notices des choses honnestes et de la vertu, qui sont comme semences et enseignements de ce que nous devons faire » déposées en nous par Dieu (B 232, voir aussi B 180), et que la vertu consiste en une habitude volontaire d'employer la raison pour choisir entre deux extrêmes vicieux (B 218-229). À la fin des débats, tous s'accordent sur l'existence de lois naturelles, qui se manifestent lorsque la raison vise à encourager la justice, la charité, le respect de Dieu et de la République (B 248, 254).

Partant de la controverse indécidable entre les lois, les coutumes et les conceptions philosophiques concernant l'action, les Nouveaux Académiciens reprennent d'anciens arguments et proposent de nouvelles versions de ce *topos*. Dans le deuxième dialogue, Aubert évoque le désaccord des magistrats, des philosophes et de divers peuples dans le but d'affirmer que « l'honnêteté et la vertu sont des mots de nostre reveresse imagination » (B 160-2, 170). On n'observe pas dans la discussion philosophique de ce qu'est la vertu, dit-il plus loin, l'uniformité qui s'ensuivrait de la connaissance de la vérité : on ne sait pas s'il y en a une ou plusieurs, quel est leur rapport à l'intellect ou à l'affect (« l'inspiration[22] »), quelle est leur utilité ou leur convenance (B 176-160). De la même manière, ce que nous jugeons bon ou mauvais change selon les époques et les lieux (B 181-183). Quant aux lois, dans le troisième dialogue, Aubert comprend qu'en elles « [il] n'y a qu'inconstance, piperie, legiereté, et qu'elles sont les vrays almanachs ou Ephemerides des opinions des hommes » (B 244). Ainsi, elles n'offrent aucune certitude : « Celles que tu estimeras tresequitables, les autres les tiendront pour totalement injustes, à raison que quelqu'un les aura baillées des contraires : avec ce qu'il dit qu'elles ne valent rien, à l'occasion qu'il ne sera pas de l'humeur des autres » (B 245). De plus, la diversité des interprétations des lois (divers juristes romains et chrétiens sont mentionnés) agrandit

22 Voir A.J. Greimas, T. M. Keane, *Dictionnaire Larousse du Moyen Français* – La Renaissance, Paris, Larousse, 1992, p. 362.

infiniment les bibliothèques sans qu'une thèse définitive soit trouvée (B 260, 265). Tous ces propos, en particulier le dernier (apparemment une création de Bruès), trouvent un écho dans des discussions analogues chez Montaigne (voir II, 12, 527A ; III, 13, 1067-1068B).

Mais ces arguments constituent un discours *contre* la vertu, la droiture morale et les lois conduisant à la conclusion qu'il faut les abandonner. Il serait préférable simplement de « suivre la nature ». Selon Aubert, ce que nous appelons vertu nous conduit à une condition plus servile et plus misérable que les animaux. Nous abandonnons notre liberté naturelle, dit-il, pour adopter une opinion vaine au moyen de laquelle nous séparons le moralement correct et l'incorrect, tandis que les animaux vivent heureux, sans se croire différents les uns des autres, n'ayant besoin ni de juges, ni d'avocats, ni de prisons (voir B 96, 151-152). « Il vaudrait mieux que chacun vesquit selon son appétit et qu'on delaissast ces scrupuleuses imaginations » (B 153). En somme, un tel scepticisme convertit ces arguments en une occasion d'abandonner ce qui serait habituellement ou socialement accepté comme bon ou vertueux (il n'y a donc aucune mention d'un critère pratique semblable à celui des sceptiques antiques), au nom d'un naturalisme hédoniste dont les conséquences précises ne sont pas explicitées[23].

Seulement le sceptique de Bruès sera amené à admettre que son relativisme conduit à un amoralisme, abandonnant sa thèse. Comme le dit son interlocuteur « dogmatique » Nicot, la prétention à nier une distinction réelle entre le vice et la vertu amènerait à conclure qu'un tyran ou un assassin agissent pour le bien (B 173). Si cette différence n'existait pas, reprend-il plus loin, chacun pourrait prendre pour modèle sa façon de vivre et un pirate ne songerait pas à faire le mal en tuant les marins pour s'emparer d'un navire (B 193). Aubert cède peu à peu. Dans un premier temps, il refuse d'approuver cette attitude tout en reconnaissant qu'il ne peut le faire que d'une manière purement personnelle, puisque « le bon Protagoras » a dit que l'homme est la mesure de toutes choses (B 196-198). Plus tard, lorsque l'argument est repris, il cherche à préciser

23 La nature, selon Aubert, ne serait pas notre ennemie au point de nous présenter le désir comme quelque chose de bon sans qu'il le soit véritablement (B 288). Morphos comprend que les sceptiques de Bruès en entrant dans ce thème vont au-delà de la philosophie de la Nouvelle Académie et qu'ils en viennent également à une « attitude dogmatique » par rapport aux règles de conduite, dans laquelle se mêlent des éléments d'épicurisme et de philosophie cynique. *Cf.* P.P. Morphos, *op. cit.*, p. 79-80.

sa position : le vice et la vertu, concède-t-il, seraient plus qu'une opinion – du moins « parlant generallement » – mais « quand nous specifions que cecy est vice, et cecy vertu, cecy honneste, cecy deshoneste, c'est alors que nous parlons par imagination » (B 202-203 ; 218). Enfin, insistant sur l'hypothèse suivant laquelle nous vivrions heureux et en paix si nous ne suivions que la nature (B 212), il est interrogé par Nicot sur la façon dont il comprend ce terme. C'est, dit-il, ce qui est « commune autant aux hommes qu'aux bestes » (B 212-215). Nicot objecte avec ironie que cela le forcerait d'admettre que les animaux possèdent des vertus morales. Quelques années plus tard, le sceptique Montaigne acceptera en effet cette conséquence et soutiendra, exemples à l'appui, que non seulement les hommes et les animaux partagent la possession de la raison, mais encore qu'ils partagent toutes les vertus[24]. Ce n'est pas le cas d'Aubert, qui prend du recul admettant que, si les animaux suivent simplement « une certaine puissance et vertu de savoir choisir ce qui leur est necessaire pour leur entretenement, de laquelle ils ne s'esgarent jamais » (B 217), l'homme possède la raison comme forme naturelle exclusive. L'homme ne peut donc pas s'en passer, du moins sur la base de ce qu'Aubert a lui-même admis, pour discerner la vertu dans des actions particulières.

Dans le troisième livre, argumentant maintenant contre les lois, Aubert observe que, outre qu'elles sont souvent inutiles ou bien le fruit du hasard (B 258-269), leur désaccord, dans l'histoire et chez les différents peuples, indique encore leur éloignement de la vérité ; elles ne sont que le produit de la volonté arbitraire d'un prince, d'un magistrat ou du peuple (B 270). Dès lors, ici aussi émerge la position académicienne, comme on le voit, associée à celle qu'auraient préconisée les sophistes : « Le flatteur Thrasymaque ne dit-il pas que cela est proprement juste qui est proffitable au plus grand seigneur et au prince ? » (B 255). Mais cette fois-ci, Aubert contourne par avance les conséquences amoralistes de sa position tout en en tirant des conséquences encore plus radicales : puisque les lois sont le produit de l'arbitraire des puissants, il faut les abolir si l'on veut rétablir l'égalité entre les hommes (B 96-*sq.*, 271-*sq.*).

24 Voir Michel de Montaigne, *Les Essais*, *op. cit.*, tome II, 12, 460, 470-481. Pour une discussion sur cette question, voir Thierry Gontier, *De l'homme à l'animal. Montaigne et Descartes ou les paradoxes de la philosophie moderne sur la nature des animaux*, Paris, Vrin, 1998.

Les lois, suggère-t-il, sont coupables du « trouble et de la misère des hommes » :

> Et qu'ainsi soit, d'où procedent tant des meurtres, tant de querreles, tant de larrecins, de forçes, de violences et de conspirations, sinon des scandaleuses loix qui ont divisé les choses qui devoient estre communes, et nous ont persüadé que c'est peché de me vouloir ayder du bien que tu dis être tien, comme si la nature t'en avoit fait un present special ? (B 271).

De même, en introduisant la propriété privée, les lois sont à l'origine des profits et des pertes, « par le moien des contrats qu'elles nous commandent d'avoir ensemble : et puis nous ont baillez les moiens de tromper les uns aux autres en contraictant : et de s'enrichir en les apauvrissant » (B 272). Une fois instituée la différence entre riches et pauvres, aussi minime soit-elle, des querelles s'ensuivent par lesquelles l'homme « qui devrait être un Dieu à l'autre, est devenu son adversaire et ennemi mortel » (*ibid.*). Les riches et les ambitieux, en revanche, « n'ont jamais la fruition de ce qui leur est nécessaire, et si ressemblent [...] aux gourmans, qui apres avoir mangé plus qu'ils ne doivent, vomissent sans recevoir aucun profit de la viande » (B 274).

Aubert offre ici un exemple rare, sinon unique, d'un sceptique qui non seulement ignore toute discussion sur un critère d'action qui conduirait à la justification des lois et coutumes acceptées, mais encore qui adopte un discours clairement révolutionnaire[25]. Comme on l'a déjà noté, on formule ici un naturalisme moral qui annonce ce que l'on reconnaîtra chez La Boétie et, plus tard, chez Rousseau[26]. Comme dans le deuxième dialogue, son discours repose ici sur l'admission implicite de valeurs morales et d'une conception de la nature qui sera toutefois remise en question par Nicot. Il ne s'agit cependant pas de rejeter ses motivations, mais plutôt d'indiquer que de tels présupposés théoriques conduisent à une thérapie inadéquate des maux pointés.

25 Selon R. Popkin (*op. cit.*, 2003, p. 34), « rien n'indique qu'être un sceptique en 1557 pouvait entraîner quelqu'un dans de sérieux ennuis ». La position de Bruès sur ce point semble en effet inhabituelle. Mais si Bruès lui-même signale, dans son « Epître au Cardinal », que beaucoup partageraient la position selon laquelle « tout est opinion » et qu'il faudrait les réfuter pour la manière dont cela mettrait la religion en danger, ne devrions-nous pas soupçonner, grâce à Bruès lui-même, qu'il existe des indices différents de ceux reconnus par Popkin ?

26 Voir Morphos, *op. cit.*, en particulier p. 64-65, note 81 ; *id.*, « Renaissance Tradition in Rousseau's Second Discours », *Modern Language Quarterly*, XIII, 1952, p. 81-89.

Il serait bon, dit Nicot, que nous n'ayons pas besoin de lois, et pourtant la nature nous a faits dans une condition misérable, nos devoirs ne sont pas toujours agréables (B 284-286). Nous avons le libre arbitre pour choisir entre la vertu et nos appétits désordonnés (B 289), mais ainsi que nous ne pouvons pas nous fier à ce qui nous semble habituellement bon et devons suivre ce que prescrit le médecin lorsque nous sommes malades (B 290), il en va de même lorsque l'âme est malade. C'est ce que l'on voit « dans celuy qui s'adonne aux voluptez, qui est ambitieux, tyran, envieux, paillard, hypocrite, seditieux, avare, parjure » (B 293). Or, ce genre de maladie est plus dangereux car il soustrait à la raison le pouvoir de reconnaître sa propre maladie, si bien que tout espoir de recouvrer la santé est perdu. Comme le note Nicot :

> Certainement tout ainsi que nous devons plus craindre la tempeste qui empesche notre navigation, lors que nous avons desjà singlé bien avant dans la mer, que celle qui nous garde de pouvoir sortir hors du port : Semblablement nous devons plus craindre les maladies de l'esprit, d'autant qu'elles sont trop plus dommageables, à raison qu'elles empeschent de nous pouvoir cognoistre, et revenir à nous, et ayant contaminé la raison qui devroit estre la gouvernante, nous conduisent à misere et perdition. Les loix sont la vraie médecine de nos esprits, et ne regardent que sinon au repos, à la santé et à la tranquillité des hommes (B 295).

Or là encore, comme nous l'avons vu plus haut, Nicot propose un argument contre le scepticisme d'Aubert qui fera l'objet d'une réappropriation par Montaigne lorsque celui-ci fera avancer la défense du scepticisme. Il ne s'agit pas chez Montaigne de contester les prémisses avec lesquelles Nicot a la prétention de réfuter le scepticisme (la distinction entre instinct et raison), mais, au contraire, d'extraire un argument sceptique de considérations analogues à celles de Nicot[27].

En bref, les Nouveaux Académiciens de Bruès, compte tenu de la dimension négative de l'argumentation « des deux côtés » des représentants originaux de cette philosophie, soutiennent que tout est opinion dans des discours contre la Vertu et les Lois. Cependant, refusant d'adopter un amoralisme semblable à celui des sophistes (comme on pourrait s'y attendre à la lecture des promesses que Bruès fait dans la Préface),

27 « [A] … Si nostre jugement est en main à [au pouvoir de] la maladie mesmes et à la perturbation ; si c'est de la folie et de la temerité qu'il est tenu de recevoir l'impression des choses, quelle seurté pouvons nous attedre de luy ? » (*Les Essais*, II, 12, 568, voir 563-568).

Aubert est contraint de reculer par rapport au naturalisme qu'il entendait épouser dans le domaine de la morale, mais il suggère que l'obéissance radicale à l'idée de Justice, identifiée à l'égalité entre les hommes et à la communion des biens, devrait conduire à l'abrogation des lois en vigueur. Ce ne sont pas des positions similaires à celles du scepticisme pyrrhonien ou académique, dans lequel la suspension du jugement conduit à l'adoption de coutumes et de lois sous la forme d'un critère pratique. Cette divergence entre les sceptiques antiques et ceux réfutés par Bruès frappe tout d'abord par son étrangeté dans la mesure où Bruès n'ignore certainement pas l'existence de tels critères, puisqu'il s'appuie largement sur les ouvrages de Cicéron, dont les *Academica*, dans lesquels l'exposé de cette philosophie comprend des explications de la méthode *in utramque partem* et l'exposé du *probabile* comme critère d'action. D'autre part, il est curieux que les interlocuteurs sceptiques soient réfutés précisément dans la mesure où ils combinent leurs arguments destructeurs avec des conceptions de la nature qui finissent par être visées par leurs adversaires. Peut-être ces aspects énigmatiques de l'argument peuvent-ils toutefois être mieux compris lorsque nous situons cette œuvre dans son contexte littéraire, à savoir celui de la littérature paradoxale du XVIe siècle.

LE SCEPTICISME LITTÉRAIRE ET SES CONSÉQUENCES POLITIQUES

Le genre littéraire du paradoxe ou de la *declamatio* a connu une popularité croissante dès le début du XVIe siècle. Le terme « paradoxe » doit être pris ici dans un sens large : il s'agit d'une littérature ludique, marquée par l'emploi de procédés rhétoriques qui visent à déconcerter le lecteur au moyen d'exagérations, de simulations ou de constructions de situations elles-mêmes paradoxales. Celles-ci entraînent la suspension de la responsabilité assertive que l'on pourrait imputer au discours énoncé, parfois dans le but d'amuser ou bien de véhiculer des discours potentiellement dangereux[28]. Comme le remarque Corneille Agrippa,

28 Pour des études approfondies de la littérature paradoxale, voir Rosalie L. Colie, *Paradoxia Epidemica – The Renaissance tradition of paradox*, Princeton, Princeton University Press,

ceux ayant critiqué les satires qu'il écrit dans son *De Incertitude Vanitate Scientiarum atque Artium* (1526) n'auraient pas compris qu'il s'agissait de la *declamatio* :

> un travail sur un thème conventionnel, accompli par manière d'exercice, soustrait aux règles selon lesquelles on détermine la vérité, et qui ne requiert pas l'assentiment. En déclarant que l'on écrit une *declamatio* on renonce de ce même à se faire croire ; et on ne produit aucune assertion, pas même pour affirmer des vérités notoires que l'on serait tenu de croire et d'admettre, hors de ce cadre, et qu'il est interdit de contester[29].

André Tournon distingue, d'une part, les paradoxes qui ne correspondraient qu'à un jeu de style sans avoir des conséquences majeures[30], et, d'autre part, ceux faisant preuve d'une plus grande profondeur philosophique, dans lesquels le paradoxe s'inscrit dans la structure logique même du texte. Appartenant au second cas, l'*Éloge de la folie* d'Érasme (1511) est le modèle par excellence du genre de la *declamatio* : la folie qui prend la parole et propose un éloge fou, *a fortiori* paradoxal, d'elle-même et de ses adeptes aboutit à une série d'illogismes calculés dont le but est de saper la prétention essentielle de la raison à connaître la vérité[31]. Ce serait également le cas, selon Tournon, de l'*Apologie* de Montaigne[32].

Coïncidence ou non, nous trouvons souvent du matériel ou des allusions à des philosophes sceptiques dans les pages de ces auteurs. Dans l'*Éloge de la folie*, le narrateur condamne la présomption des philosophes et souligne que le bonheur humain ne dépend pas de la réalité, mais de l'opinion : « L'obscurité et la diversité des choses humaines sont telles qu'on ne peut rien savoir clairement, comme l'ont bien dit mes Académiques, les moins orgueilleux des philosophes[33]. » De même Agrippa dans *De Incertitudine*,

---

1966 ; Barbara Bowen, *The Age of Bluff – paradox and ambiguity in Rabelais and Montaigne*, University of Illinois Press, coll. « Illinois Studies on Language and Littérature », 1972 ; André Tournon, *Montaigne, la glose et l'essai*, Bordeaux, Presses Universitaires de Bordeaux, 1983. Tournon offre une présentation générale de ce genre littéraire dans les pages 204-228.

29 Corneille Agrippa, *Apologie contre les théologiens de Louvain* (1533), dans *Opera*, Lyon, 1600, t. II, p. 273, *apud* Tournon, *op. cit.*, p. 210.

30 En l'occurrence l'*Amphiteatrum sapientiae socraticae joco-seriae* de Gaspard Dornavius et les *Paradossi* de Ortensio Landi, selon Tournon (*op. cit.*, p. 205-207).

31 Tournon, *op. cit.*, p. 206-210.

32 *Ibid.*, p. 214-*sq.*, 228-256. Nous proposons une analyse de l'*Apologie* en revisitant l'interprétation de Tournon dans Luiz Eva, *A Figura do Filósofo. Ceticismo e Subjetividade em Montaigne*, São Paulo, Loyola, 2007, p. 179-206.

33 Érasme, *Éloge de la Folie* (xlv), dans *id.*, *Œuvres*, Paris, Robert Lafont, 1992, p. 53.

s'appuyant sur Cicéron et Diogène Laërce, s'attaque à chacun des arts et des sciences dans le but de démasquer l'orgueil du savoir humain[34]. Dans son « Tiers Livre de Pantagruel », Rabelais met en scène le philosophe Trouillogan qui répond aux préoccupations de Panurge d'une manière déconcertante et évasive, de sorte que Gargatua l'identifie à l'école « des Pyrrhoniens, Aporrheticques, Sceptiques et Ephetiques[35] ». Le sceptique Aubert fait explicitement référence à cet auteur dans le troisième des *Dialogues* de Bruès, lorsqu'il fait remarquer que les décisions juridiques sont souvent le fruit du hasard (B 263).

Dans la manière radicale dont les sceptiques de Bruès attaquent la vertu et les lois, il y a peut-être un reflet de ce sceptique excessif, personnage littéraire, chez les auteurs qui le précèdent. Les interlocuteurs sceptiques déclarent eux-mêmes qu'ils n'admettent pas les thèses qu'ils défendent, et Ronsard traite le sceptique Baïf comme un sophiste qui a entrepris de débattre contre la vérité, mais qui sera en fin de compte réfuté par celle-ci. Baïf, lui, se contente de reconnaître : « ce ne sera sans doute pas aussi facile que vous le pensez » (B 12). Selon Tournon, les paradoxes ont pour caractéristique d'attirer indirectement l'attention du lecteur sur la nature du jeu littéraire en cours, tout en étant dissimulés[36]. Le soupçon d'une stratégie littéraire mise en place dans le texte de Bruès est renforcé par la répétition d'une même trame figée. À la fin du débat, la défense initiale de la « thèse » sceptique en vient à un retrait soudain et à une reconnaissance effusive et théâtrale de la défaite des sceptiques : « O forcené Arcesilau », reconnaît Aubert, vaincu à la fin du deuxième dialogue, « qui as furieusement soutenu qu'il n'y avoit

34 Pour une brève présentation de l'ouvrage, voir R. Popkin, *op. cit.* Popkin souligne l'absence d'une analyse proprement philosophique et argumentative dans l'examen d'Agrippa, mais il ne semble pas reconnaître l'appartenance de l'œuvre au genre du paradoxe.

35 François Rabelais, *Le Tiers Livre*, dans *Les Cinq Livres*, Paris, Le Livre de Poche, 1994, ch. 36, p. 775. Voir aussi R. Popkin, *op. cit.* p. 28 : « L'image du pyrrhonien que Rabelais présente est, comme on peut s'y attendre, moins celle d'un philosophe que celle d'un personnage comique. »

36 « S'ils [les paradoxes] ne sont agencés de manière à trahir discrètement la sophistique mise en œuvre, à accuser d'eux-mêmes les violences qu'ils ont fait subir au raisonnement, ou à la raison, leur pouvoir corrosif se perd : on n'y trouve plus que des exercices de style, qui souvent sonnent creux » (Tournon, *op. cit.*, p. 205). Carron offre également une bonne description de ces procédures. Il nie cependant que les *Dialogues* appartiennent à ce genre (*op. cit.*, p. 26-27), jugement qui, à mon avis, résulte d'une caractérisation trop étroite du genre et de la fonction que le paradoxe joue dans les textes (*cf. ibid.*, note 18, p. 31).

aucune différence entre l'honneste et le deshoneste » (B 235 ; voir aussi B 310). De la même manière, dit Tournon, l'utilisation délibérément déformée et ironique de citations philosophiques est récurrente dans les paradoxes : dans le cas de Bruès, le sceptique Aubert est réprimandé par Nicot pour son emploi abusif d'un passage de Cicéron sur la conformité à la nature (B 283)[37].

Si cette approche est pertinente, elle n'empêche pas les arguments philosophiques et moraux d'être présentés et discutés dans les *Dialogues*. Interrogé par Ronsard sur le sérieux de son propos, Aubert, tout en avouant que sa défense du scepticisme consiste en un exercice, souligne que sa critique des lois n'est pas une pure dissimulation :

> Je vous supplie donq ne passons point par dissimulation nos resveries, et les malheurs que les miserables loix nous apportent... Les lois sont cause que nous disons cecy est mien, et cela tien, et tu veux que je pense qu'elles nous entretiennent en amitié ? Les loix nous donnent des magistrats, la totalle ruine des républiques, et tu veux que je die qu'elles sont tres-necessaires ? [...] Ne sçavons nous pas que tout ainsi le chien qui a repeu quelque fois des brebis qui luy sont baillés en garde, pour la moindre faim qu'il ait, devient luy même loup ? qu'aussi pareillement les magistrats qui ont appris par leurs loix de donner biens aux uns, et les oster aux autres, devienent tyrans et ambicieux, et ruinent entierement tous de la cité ? (B 279-280).

À en juger par ce passage, la dissimulation semble trouver une limite lorsqu'on en arrive aux thèses sous-jacentes, qui justifient la radicalité du discours. Mais si les sceptiques agissent par dissimulation et le font au nom de valeurs dont ils suggèrent eux-mêmes qu'elles ne sont pas dissimulées, conviendrait-il de penser que Bruès lui-même trompe le lecteur en suggérant, dans la Préface, que les sceptiques sont les ennemis des distinctions morales ?

Quoi qu'il en soit, comme je l'ai signalé plus haut, le paradoxe est également utilisé dans la littérature du XVIe siècle en tant que véhicule

37 Tournon (*op. cit.*, 1983) reconnaît ce même trait dans les cas d'Érasme (*op. cit.*, p. 208) et de Corneille Agrippa (*ibid.*, p. 211). Bowen (*op. cit.*, p. 27) en note également la présence dans Bruès soulignant que les interlocuteurs sceptiques du dialogue s'appuient sur n'importe quelle évidence philosophique susceptible de soutenir leur point de vue. Sa conclusion générale consiste à affirmer que la technique de Bruès est plus proche de celle de Rabelais que de celle de Montaigne : « Il expose des doctrines philosophiques dans un contexte littéraire, artificiel et souvent ludique, alors que Rabelais exprime des positions sérieuses sur la religion et d'autres sujets dans un contexte de farce. » (*ibid.*, p. 28-29).

pour l'énonciation de messages dont le poids assertif est transféré de l'auteur aux personnages littéraires. Or, il ne fait aucun doute que le sceptique de Bruès, en suggérant l'abolition de la propriété privée, touche à un sujet notoirement controversé dès le début des mouvements réformistes ayant lieu à la fin du Moyen Âge, au-delà du contexte de Bruès. Ce problème ne peut être abordé dans le cadre de cet article[38]. Nous ne savons presque rien de la vie de Guy de Bruès, mais Morphos rapporte que deux de ses frères étaient activement liés à la cause protestante[39]. Notons par ailleurs que dans le troisième chapitre, malgré sa thèse générale contre les lois civiles, le sceptique Aubert concède à Nicot qu'il faut obéir à une « loi de la nature » au moins dans des cas précis, comme la défense de sa propre vie (B 267). Nicot, pour sa part, en guise de concession à son adversaire, exprime également des réserves à l'égard de l'acceptation en bloc de l'ensemble des lois civiles. À proprement parler les lois, dit-il, sont « comme émanées de la raison naturelle, par moien de laquelle nous connaissons ce qui est juste et honneste, autrement elles ne doivent pas être appelées loix » (B 248). Et parfois la vraie loi selon la nature ne fait pas partie du code juridique, comme dans le cas du viol de Lucrèce par l'empereur Sextus Tarquin (B 249). Cette idée est reprise plus loin lorsque Nicot prévient Aubert que l'on n'est pas tenu de suivre des lois injustes et que l'on ne doit pas non plus les appeler des lois, tout comme on n'appelle pas lois celles proposées « les tyrans, les meurtriers ou autres semblables » (B 254). La publication de la première édition des *Dialogues* (1555) s'inscrit dans une atmosphère de répression croissante du droit de culte des protestants par Henri III : l'édit de Compiègne (1557) autorise la condamnation des protestants pour leur foi, et celui d'Écouen (1559) l'exécution sommaire des protestants rebelles. Il est donc plausible que le procédé paradoxal

38 En ce qui concerne le contexte historique plus immédiat, il faut considérer, par exemple, l'interprétation radicale de la Réforme par Thomas Müntzer et Andreas Carlstadt et ses développements dans la guerre des paysans, ainsi que les aspects sociaux du mouvement anabaptiste. Voir G. H. Williams, *The Radical Reformation*, Philadelphia, Westminster Press, 1962, ch. 3 et 4 ; M. Stayer, *The German Peasants War and Anabaptist Community of Goods*, Montreal, McGill-Queen's University Press, 1991.

39 Voir Bruès, *op. cit.* Consul de Nîmes et conseiller du Roi en 1551, Denis de Bruès fut un membre actif du parti protestant de Nîmes jusqu'en 1585, date à laquelle il se convertit au catholicisme. Il se consacra dès lors à l'établissement de la paix entre les deux partis. Antoine de Bruès fut accusé d'avoir participé à un massacre de catholiques en 1569 et resta lié à la Réforme jusqu'à sa mort en 1596.

auquel le texte a recours ait aussi bien pour but de permettre à l'auteur l'expression d'une position critique sur l'état des choses, anticipant des idées discutées ouvertement dans le *Discours sur la servitude volontaire* de La Boétie[40].

BRUÈS NÉO-ACADÉMIQUE : « PAR MANIÈRE DE DISPUTE »

Si nous admettons que les *Dialogues* de Bruès devraient être lus comme des exemples de la littérature du paradoxe, peut-être conclurons-nous que l'appropriation du scepticisme académique dont ils font preuve consiste seulement en un jeu rhétorique. C'est ce que suggère J.-C. Carron en comparant l'œuvre de Bruès à celle d'autres représentants d'autres dialogues « philosophiques » français du XVIe siècle tels Jacques Tahureau, Pontus de Tyard ou Béroalde de Verville. Les sources utilisées par ces auteurs sont, entre autres, les dialogues de Platon, de Cicéron, d'Érasme ou de Lucien. En plus de partager, comme le note Carron, le même *locus* historique de la montée de l'intolérance religieuse en France, tous leurs dialogues seraient des œuvres strictement littéraires et, dans cette mesure, non philosophiques[41]. Chez Bruès, plus précisément, il y aurait la simple simulation d'un débat philosophique dont le but ne serait pas celui de persuader le lecteur. Il serait donc abusif de voir dans son ouvrage à la fois une réponse philosophique aux sceptiques et un scepticisme voilé[42].

40 Bien qu'il n'y ait aucune preuve de contact personnel entre ces deux auteurs, le *Discours* fait explicitement référence aux poètes de la Pléiade. Cela a conduit Cortes-Cuanda à suggérer que la date de rédaction du *Discours* ne peut être antérieure à 1552, puisque la publication des premières œuvres de ces poètes a lieu entre 1550-1552. *Cf.* J. V. Cortes-Cuanda, « Histoire critique des interprétations du Discours de la servitude volontaire », dans *Réforme, Humanisme, Renaissance*, n° 74, 2012, p. 63. Montaigne, pour sa part, affirme que le *Discours* aurait été écrit comme un « essai » lorsque La Boétie avait moins de 18 ans, donc avant 1548 (*cf. Les Essais*, I, 28, 184). En tout cas, cela suggère une possible circulation des idées entre La Boétie et Bruès.

41 J.C. Carron, *op. cit.*, 1993, p. 20. Pour une vue d'ensemble de ce genre littéraire, voir M. K. Bénouis, *Le dialogue philosophique dans la littérature française du sezième siècle*, Paris, Mouton, 1976. Bénouis considère également les dialogues de Bernard Palissy, Jacques Peletier et Bonaventura des Periers.

42 *Ibid.*, p. 24-25. Carron s'oppose, comme nous l'avons vu (note 21), aux jugements de Villey, de Morphos et de Bénouis. Suivant Bénouis, par exemple : « Plus que Tahureau ou Tyard,

L'analyse que nous avons présentée ci-dessus pourrait rendre une telle hypothèse davantage séduisante, mais Carron sous-estime, me semble-t-il, la portée argumentative des dialogues fictionnels en général et de celui-ci en particulier. Une lecture plus pertinente à cet égard me paraît être celle de N. Correard, suivant laquelle le fait de se prononcer pour et contre une thèse donnée consiste, à l'instar des dialogues espagnols examinés par Correard, en l'expression d'une *libertas philosophandi* contre l'attitude « opinionniste » des dogmatiques[43].

En fait, la relation entre les éléments littéraires et philosophiques de ce texte s'avère plus complexe qu'il n'y paraît au premier abord. C'est le moment de préciser la suggestion que j'ai faite au début : la relation entre l'œuvre de Bruès et la Nouvelle Académie devient plus claire, me semble-t-il, si nous considérons la partie négative de l'argument *in utramque partem*, sortie de son contexte original, comme faisant partie d'une composition paradoxale. Dans la procédure Académique originale, ce discours négatif devrait être confronté à un discours opposé afin d'en venir à la suspension du jugement. Dans le cas de Bruès, le discours proposé comme Académique est refusé parce que les sceptiques sont amenés à comprendre que les valeurs qu'ils admettent seraient en conflit avec leurs thèses, ou bien se révéleraient inappropriées d'un point de vue pratique. Dès lors, un paradoxe est produit à l'intérieur de la position sceptique représentée par ces personnages, ce qui conduit au refus de celle-ci et donne lieu aux positions « dogmatiques » sur lesquelles peut se produire l'accord entre les interlocuteurs. En même temps, d'autres éléments sur lesquels les interlocuteurs s'accordent laissent entrevoir une compréhension plus fine du scepticisme académique, comme nous allons le voir maintenant. C'est donc une erreur, à mon avis, d'identifier la position philosophique de Bruès avec celle qui est figurée par ces personnages et avec les jugements à leur sujet que Bruès émet dans la Préface, compte tenu des connaissances que Bruès révèle implicitement avoir sur eux. Ceci étant, nous sommes également amenés à y découvrir

Bruès mérite l'appellation de rationaliste. En opposition au scepticisme philosophique, son attitude est constante à travers les trois dialogues et s'inscrit comme une réfutation. La technique dont il use dans cette forme reflète son désir d'exposer les théories qu'il désapprouve et de les combattre une à une » (Bénouis, *op. cit.*, p. 164).

43 Nicholas Correard, « Le dialogue "*more academicorum*" en Espagne au XVIe siècle. Fernán Perez de Oliva, Juan Arce de Otálora et Antonio de Torquemada », *Sképsis*, année VII, n° 10, 2014, p. 108-127.

une dimension paradoxale plus profonde. Celle-ci se révèle par la présence d'éléments philosophiques provenant de la Nouvelle Académie à travers les *Dialogues*, même si l'intention déclarée de Bruès consiste à réfuter une telle philosophie.

D'un point de vue stylistique, Bruès imite Cicéron par une mise en scène dans un lieu doux et par l'attribution honorifique des rôles aux personnages, en l'occurrence des poètes du cercle de la *Pléïade*. Cependant, bien que le dialogue se développe selon un modèle plus proche du dialogue socratico-platonicien, avec des questions et réponses courtes[44] plutôt que par la confrontation de longs discours comme chez Cicéron, Bruès a clairement l'intention de suivre Cicéron dans d'autres aspects philosophiques, de méthode et de contenu, même s'il ne le déclare pas d'une façon explicite. Au début des *Dialogues*, après avoir été accusé par Ronsard d'être un « sophiste » contre la vérité, le sceptique Baïf confirme qu'il a en effet l'intention de procéder ainsi « par manière de dispute » (B 14)[45]. Vaincu à la fin du premier dialogue, Baïf remercie ses interlocuteurs pour la patience dont ils ont fait preuve dans une dispute si agréable : « aveq ce je m'asseure que vous ne trouverés mauvais, si pour parvenir à l'asseurée preuve de la verité, j'ai fait de l'opiniastre en ce que j'estimois mensonge, vous asseurant que je suis fort aise d'avoir esté vaincu en ce combat, *duquel la perte donne sans comparaison plus de proffit que la victoire…* » (B 142, c'est moi qui souligne). À la fin du troisième dialogue, Aubert admet encore une fois qu'il ne regrette pas d'avoir été vaincu, « attendu que nous n'avons entrepris cette dispute, sinon pour mieux assurer la vérité, et répondre à ceux qui par les raisons que j'ay dites, ou autres semblables soustiennent obstinéement que les loix ne valent rien, et qu'elles sont instituées par une seule opinion » (B 305-306).

Ces propos font écho à ceux de Cotta, représentant de la Nouvelle Académie, que l'on peut lire à la fin du *De Natura Deorum* de Cicéron. Pour conclure son argument contre la théologie stoïcienne, Cotta conclut : « Je souhaite vraiment être réfuté. Mon but a été plutôt celui de mettre les doctrines que je viens d'exposer en discussion (*disputaui disserere*)

44 *Cf.* Bénouis, *op. cit.*, p. 169.

45 Bowen (*op. cit.*, 1973, p. 27) considère ces déclarations comme faisant partie de la stratégie paradoxale de Bruès, omettant ainsi d'établir une relation plus précise entre elles et le modèle philosophique cicéronien. Il en va de même pour ses analyses de la mise en scène du dialogue (*ibid.*, p. 26).

que d'en juger, et je suis sûr que vous pouvez facilement les réfuter[46] ». Par analogie, dans le cas de Bruès, soutenir le contraire (« confesser le contraire », B 64) de manière à satisfaire ces interlocuteurs (B 64) vise à approfondir l'investigation rationnelle en vue de mieux discerner la vérité (si possible)[47]. Si ces sceptiques sont des personnages dans une mise en scène, la dispute n'est pas seulement rhétorique.

La même méthode est exposée plus en détail dans l'introduction des *Academica*. Puisque la pratique de cette philosophie consiste à provoquer le conflit entre diverses perspectives philosophiques, l'académicien ne peut interdire aux autres de différer, bien qu'il suppose que la difficulté des choses et les limites de notre intellect prouvent facilement son point de vue : « nos discussions n'ont pas d'autre but, en exposant et en écoutant le pour et le contre, que d'attirer et pour ainsi dire d'arracher (*exprimere*) quelque chose de vrai ou qui approche le plus possible de la vérité[48] ». Cicéron souligne ensuite que la seule différence entre ceux qui admettent l'existence de vérités indubitables et les académiciens réside dans le fait que, tandis que les premiers prennent leurs positions comme certaines, les seconds ne les admettent que comme « approuvables ». Il explique ainsi la différence fondamentale par rapport aux autres philosophes :

> Nous sommes plus libres et indépendants en ce que notre pouvoir de juger nous demeure intact et qu'aucune nécessité ne nous force à défendre toutes les prescriptions de certains, leurs ordres, pour ainsi dire. Les autres, au contraire, sont enchaînés avant même de pouvoir juger du meilleur choix… quelle que soit la doctrine vers laquelle le souffle du moment les emporte, ils s'y cramponnent comme un naufragé à son rocher[49].

La même idée est partagée par les différents interlocuteurs des *Dialogues* de Bruès, qui critiquent à plusieurs reprises l'*opiniastreté* (opiniaticité) et s'accusent mutuellement de l'encourir. Aubert, en particulier, affirme que Nicot procède comme les « vieux philosophes » auxquels Cicéron fait référence dans les *Tusculanes*, qui s'accrochent à de fausses opinions

46 Cicéron, *On the Nature of the Gods (De Natura Deorum*, dorenavant *Dnd)*, trad. H. Rackham, Cambridge-MA, Harvard University Press, coll. « Loeb Classical Edition », 1933, III, xl, 95.

47 Comme l'a noté Morphos (*op. cit.*, p. 26), cela paraît être implicite dans la façon dont Bruès s'exprime dans la Préface : « Or voulant (en tant qu'il me seroit possible) m'oter du nombre de ces malhereux ennemys d'eux mêmes et de nostre Dieu… » (*ibid.*, p. 90).

48 *Acad.*, II, iii, 7 (traduction modifiée). Voir aussi *Dnd*, I, v, 11-14.

49 *Ibid.*, II, iii, 8.

comme à des rochers pour ne pas être considérés comme frivoles et inconstants[50]. Si tel est le cas, on peut aller plus loin en reconnaissant, dans l'accord tacite entre les deux, qu'ils sont d'accord pour rejeter ce genre d'attitude. Le discours d'Aubert semble indiquer ainsi un idéal philosophique que partagent tous les interlocuteurs.

Ici émerge une caractéristique de la philosophie sceptique de l'Académie qui sera mise en valeur par Montaigne[51]. Mais qu'est-ce que cela nous permet de conclure sur la conception philosophique que Bruès admettrait à propos de la morale et des lois ? Sans avoir la prétention d'apporter une réponse définitive à cette question, je mentionnerai deux points à prendre en considération.

Premièrement, Cicéron lui-même nous informe qu'il n'avait pas l'intention d'exposer dans son texte toutes ses opinions personnelles sur les questions abordées. Dans l'introduction du *De Natura Deorum*, notamment, il écrit : « ceux qui cherchent à savoir mon avis personnel sur toutes questions sont plus curieux qu'ils doivent l'être. En effet, dans la discussion, il s'agit plus d'examiner le poids des raisons que l'autorité [de celui qui les propose][52] ». De la même manière, soulignant que les questions de religion sont délicates en raison de leurs conséquences sur l'ordre public[53], il ne défend pas personnellement la position des Académiciens (comme il le fait dans le dialogue qui porte ce nom) et l'attribue nominalement au pontife Cotta – qui, comme nous l'avons vu, déclare à la fin du dialogue qu'il a exposé ses arguments dans l'espoir d'être réfuté. Mais c'est Cicéron lui-même qui prend la parole pour dire en fin de compte que le stoïcien Lucilius lui semblait plus proche de la vérité ; une conclusion surprenante (étant donné son adhésion à la Nouvelle Académie) et même paradoxale dans le sens où nous considérons ce terme.

Par ailleurs, bien qu'il précise dans la *Préface* que son but est de défendre la religion contre les ennemis de Dieu, Bruès aborde des questions de morale et de droit sur un plan strictement non religieux dans les *Dialogues*. La religion est en effet un sujet qu'il passe sous silence dans le développement du texte. Dans le premier dialogue, en réponse à

50 B 257-258, *Tusc. Disp.*

51 Les mêmes passages de Cicéron sont cités par Montaigne dans sa présentation élogieuse du philosophe sceptique dans l'*Apologie* (v. 502-505).

52 *Dnd*, I, v, 10.

53 *Ibid.*, I, i-ii, 1-5.

une remarque de Ronsard sur la nécessité de préserver la croyance en la providence divine pour que l'ordre public ne soit pas troublé, le sceptique Baïf délimite le champ des discussions comme suit : « puis que nous ne parlons pas des choses qui concernent nostre foy, de laquelle sans aucun doute nous devons estre tresasseurez, et que telles questions appartient aux theologiens » (B 44). En suivant ce parallèle, il semble possible de dire au moins que la stratégie (paradoxale) de Bruès, comme celle de Cicéron, vise à préserver un espace propre au débat philosophique, dans la mesure du possible, compte tenu des conséquences problématiques qui pourraient être suscitées par la discussion de thèmes religieux[54].

Deuxièmement, la suspension du jugement telle que Cicéron la conçoit consiste en un refus de déclarer qu'on est certain de ce qui est proposé, plutôt qu'en un refus d'admettre des valeurs et même des théories philosophiques qui lui semblent plus approuvables. En particulier, la position académique de Cicéron ne l'empêche pas d'adhérer personnellement à des positions proches du platonisme[55]. De même, dans les *Dialogues* de Bruès, le refus de la thèse selon laquelle « tout est opinion » ne doit pas signifier que les positions sur lesquelles les interlocuteurs s'accordent sont nécessairement « dogmatiques » – du moins au sens que Cicéron donne à ce terme en critiquant le dogmatisme. Notons que ces conceptions, en plus d'être similaires à celles que nous trouvons chez l'académicien Cicéron lui-même, sont très générales : il faut admettre que la raison fait partie de la nature humaine ; que celle-ci est guidée selon certaines « semences naturelles » des notions de vertu et de vice, capables de s'exprimer sous la forme de certaines lois morales également naturelles[56] ; enfin que, étant donné les contingences

54 À cet égard, on peut opposer Bruès à Lactance, par exemple, qui fait référence à la philosophie académique et à l'interminable dispute entre philosophes comme une raison de soutenir directement que la sagesse est inséparable de la religion (Lactance, *op. cit.*, livre I). Sous ce rapport, la réflexion de Bruès pointe dans la direction rationaliste de Grotius. Voir aussi, à ce sujet, l'introduction de Morphos dans Bruès, *op. cit.*

55 Pour une analyse de cette question, voir C. Lévy, *op. cit.*, 1992, p. 335-534.

56 Dans un passage de *De Republica* difficile à interpréter, lorsqu'il expose les paradoxes à l'appui desquels Carnéade présente ses arguments contre la justice, Cicéron fait référence à la manière dont Carnéade aurait opposé la « justice civile » à la « justice naturelle » : « Ayant distingué deux sortes de justice dont il dit que l'une est celle de la cité, l'autre naturelle, il les renverse l'une et l'autre, attendu que la justice de la cité s'accorde à la vérité avec l'entente de l'intérêt propre, mais n'est pas la justice, et que la justice naturelle est bien la justice, mais est contraire à une sage entente de l'intérêt propre » (III, xx). Un tel argument semble suggérer que Carnéade aurait reconnu comme fondement de ses

du développement moral humain et que beaucoup s'avèrent incapables de développer une perception adéquate de ces lois naturelles, un ordre juridique est nécessaire au maintien de la paix sociale. Inversement, en cours de route, plusieurs concessions sont faites aux arguments académiques. Dans le deuxième dialogue, par exemple, après avoir abordé le sujet du conflit sur ce qui est accepté comme un bien, Nicot reconnaît qu'il faut distinguer ce qui est correct du *decorum*, qui diffère effectivement selon les peuples et les époques (B 163). Une large place reste également réservée au rôle de la coutume. À la fin du deuxième dialogue, Nicot fait remarquer que nos conceptions innées de ce qui est correct et vertueux, comme l'aurait proposé Aristote, ont besoin d'une habitude continuée pour se développer (voir B 228-237). Dans le troisième dialogue, il suit à nouveau Aristote en admettant que les lois puissent varier sans devenir pour autant injustes, pourvu qu'elles visent toujours à se conformer à la « raison naturelle ». Mais il va plus loin : il est même nécessaire qu'elles soient diverses dans la mesure où la coutume de chaque peuple doit être respectée.

> Or tu sçais bien (ainsi que dit Plutarque) qu'il n'est pas moins difficile que dangereux, de vouloir changer soudainement les volontez et anciennes coustumes du peuple, pour introduire des nouvelles loix, aveq ce que tous les hommes ne sont pas de mesme nature, ny de semblable vouloir (B 250-251).

Enfin, même s'il prétend vouloir montrer à ceux qui adoptent cette position leur propre ignorance, Bruès affirme au début de l'ouvrage que son but est celui d'agir sur le produit d'une habitude :

> Or voulant (en tant qu'il me seroit possible) m'oter du nombre de ces malhereux ennemys d'eux mesmes et de nostre Dieu, et me mettre au ranc de ceux, qui se sont mis en leur devoir de secourir par escrits d'importance la fragilité des hommes, par ce que je voy, que l'opinion que nous avons conceüe en nostre enfance, nous ameine au vice ou à la vertu, et qu'il est fort difficil, quand nous nous sommes confermez en l'opinion de quelques choses, de nous persuader le contraire (Préface de l'Auteur, s.n.).

Il s'agit de prôner une discussion rationnelle des opinions faisant face à la force avec laquelle, même fausses, ces opinions peuvent s'imposer.

---

arguments contre la justice naturelle, compte tenu de ses conséquences, que la justice naturelle est elle-même identique à la justice véritable.

Ce qui n'est pas très éloigné, après tout, de la manière dont Cicéron présente sa philosophie. Il semble possible, finalement, d'établir une comparaison. D'une part, les *Academica* de Cicéron confrontent différents courants de la philosophie académique qui prétendent être fidèles à l'esprit originel de l'ancienne Académie, et se présentent comme autant d'exercices philosophiques d'évaluation de ces différentes positions qui incluent un jugement de l'auteur sur la question. D'autre part, les *Dialogues* de Bruès prennent en compte ces différentes interprétations de la philosophie académique (ainsi que la philosophie de Cicéron lui-même) en tentant, d'une façon à la fois implicite et cohérente, de traiter d'un tel éventail dans un sens qui ne paraît pas aussi défavorable à la philosophie de la Nouvelle Académie qu'il pourrait sembler de prime abord. Mais pour interpréter Bruès de cette manière, il faut reconnaître que son texte met en place une stratégie paradoxale au sens où nous l'entendons ici.

Afin de ne pas allonger davantage cet exposé, concluons ici en posant deux questions qui resteront ouvertes. Nous pensons que l'examen de l'œuvre de Bruès que nous proposons ici permet reconnaître le rôle singulier que joue cette œuvre comme point de passage entre la littérature paradoxale – en particulier sa manifestation sous la forme des dialogues philosophiques français du milieu du XVIe siècle – et les fruits plus proprement philosophiques du scepticisme dans la littérature française ultérieure, de Montaigne à Descartes. On ne saurait prétendre que l'image radicale du scepticisme apparaissant dans son œuvre n'appartient qu'à lui. Il est néanmoins clair qu'une fois sortie de son contexte, l'œuvre de Bruès peut contribuer à véhiculer une image du scepticisme (courante à son époque) comme une philosophie aux thèses excessives, extravagantes et dangereuses. Dans son œuvre, cette caractérisation fait partie d'une stratégie visant à favoriser une discussion (sceptique) sur la moralité et les lois, à une époque où les débats épistémologiques sceptiques sont encore en hibernation avant de se propager dans la version tout aussi extrême et radicale de la Première Méditation cartésienne. Nous pouvons donc nous demander si et comment la mise en scène du scepticisme que nous avons examinée ici dans le cadre de la littérature paradoxale aurait contribué, du fait de ses exagérations, à l'élaboration de ce qu'on en est venu à appeler le scepticisme moderne.

Qui plus est, comme nous l'avons vu, ce scepticisme ne peut pas non plus être qualifié de « conservateur ». Il est toutefois intéressant de noter comment la philosophie de Montaigne semble faire écho à ses thèses. Nous pourrions évoquer à cet égard l'insistance de Montaigne sur la « vraisemblance et utilité » du scepticisme, dans la mesure où cette philosophie rend son praticien « humble, obéissant, discipliné, soigneux, et ennemi juré des vaines et irréligieuses opinions introduites par les fausses sectes » en n'admettant aucun dogme[57]. Un scepticisme davantage précis et défendu expressément, comme celui de Montaigne, finit par embrasser un profil plus « conservateur » que celui des personnages sceptiques de Bruès, même si une telle thèse mérite de nombreuses réserves. Mais une discussion appropriée de ce point devra attendre une autre occasion pour voir le jour.

Luiz Eva
Universidade Federal do ABC /
Centro de Ciências Naturais e
Humanas
Traduction Marcos Camolezzi

57 Michel de Montaigne, *Les Essais*, *op. cit.*, II, 12, 506A.

RÉSUMÉS/*ABSTRACTS*

Thomas BERNS, Marc-Antoine DILHAC, Eugène FAVIER-BARON et Thierry MÉNISSIER, « Introduction. L'éthique de l'intelligence artificielle à travers les dispositifs et les pouvoirs »

L'éthique de l'intelligence artificielle renvoie à la volonté d'évaluer l'activité des systèmes d'algorithmes. Or, pour qu'une telle entreprise soit possible, une analyse en termes de pouvoir est nécessaire. Ce dossier d'articles se donne pour objectif d'identifier les formes de pouvoir liées à l'IA, en les pensant à partir des dispositifs qui la soutiennent, et en prenant également en compte ceux qu'elle engendre par elle-même, depuis sa conception jusqu'à ses implémentations.

Mots-clés : Intelligence Artificielle, éthique, politique, dispositifs, pouvoirs, technologies.

Thomas BERNS, Marc-Antoine DILHAC, Eugène FAVIER-BARON et Thierry MÉNISSIER, *"Introduction. The ethics of artificial intelligence from the perspective of systems and power"*

The ethics of artificial intelligence refers to the will to evaluate the activity of algorithmic systems. However, for such an undertaking to be possible, an analysis in terms of power is necessary. This dossier of articles aims to identify the forms of power linked to AI, by thinking about them from the point of view of the devices that support it, and by also taking into account those that it generates by itself, from its conception to its implementation.

Keywords: Artificial Intelligence, ethics, politics, devices, powers, technologies.

Eugène FAVIER-BARON, « L'intelligence artificielle entre naturalisation et artificialisation. De l'illusion structurelle à l'idéologie ? »

L'IA dissimule de nombreuses médiations humaines dans sa conception comme dans sa réception. Pourtant, tout se passe comme si l'utilisateur se retrouvait en prise avec une altérité pure, mythe que les récentes révélations sur l'externalisation humaine qui a été nécessaire au fonctionnement de

« l'agent » conversationnel Chat-GPT3 n'ont guère entamé. Cet article a pour ambition d'énoncer des pistes susceptibles d'éclairer les caractéristiques et les motivations d'une telle illusion structurelle.

Mots-clés : Intelligence Artificielle, travailleurs du clic, sciences cognitives, idéologie.

Eugène FAVIER-BARON, "*Artificial intelligence and processes of naturalization and artificialization. From structural illusion to ideology?*"

AI hides many human mediations in its conception as well as in its reception. However, everything happens as if the user was in contact with a pure otherness, a myth that the recent revelations on the human outsourcing that was necessary for the functioning of the conversational "agent" Chat-GPT3 have hardly dented. This article aims to set out avenues that may shed light on the characteristics and motivations of such a structural illusion.

Keywords: Artificial Intelligence, Digital-Labor, cognitive science, ideology.

Marc-Antoine PENCOLÉ, « La machine à gouverner. Métamorphose d'un problème séculaire »

Nous proposons d'examiner deux occurrences historiques du débat sur l'automatisation du politique : les craintes de la "machine à gouverner" au moment de la réception française de la cybernétique, et la panique morale qui suit le premier projet de centre de données de l'administration fédérale aux États-Unis. Cela permet de démontrer que la question de l'« IA » et du politique hérite de cadres conceptuels essentialistes et libéraux qui ont déjà été évalués au cours de ces grandes polémique.

Mots-clés : Intelligence Artificielle, automatisation, cybernétique, surveillance, milieu technique, vie privée.

Marc-Antoine PENCOLÉ, "*The governing machine. Metamorphosis of a secular problem*"

We propose to examine two historical occurrences of the debate on the automation of the political: the fears of the "governing machine" at the time of the French reception of cybernetics, and the moral panic that followed the first federal administration data center project in the United States. This demonstrates that the question of "AI" and politics inherits essentialist and liberal conceptual frameworks that have already been evaluated during these major polemics.

Keywords: Artifical Intelligence, automation, cybernetics, surveillance, technical milieu, privacy.

Ambre DAVAT, « Biais, intelligence artificielle et technosolutionnisme »

Le mot « biais » est fréquemment utilisé dans le domaine de l'intelligence artificielle sans que ses causes potentielles et même ses conséquences ne soient toujours clairement définis. De quoi parle-t-on lorsqu'on parle de biais en IA ? Le « biais » fait en réalité référence à plusieurs normes qu'il s'agit d'expliciter afin d'en débattre politiquement. Or loin d'épuiser les reproches formulés à l'encontre de l'IA, le concept de « biais » peut parfaitement servir un discours technosolutionniste.

Mots-clés : biais, intelligence artificielle, éthique, « *critical data studies* », technosolutionnisme.

Ambre DAVAT, "*Bias, artificial intelligence, and techno-solutionism*"

The word "bias" is frequently used in the field of artificial intelligence without its potential causes and even its consequences being clearly defined. What are we talking about when we talk about bias in AI? Bias" actually refers to several norms that need to be made explicit in order to be debated politically. But far from exhausting the reproaches formulated against AI, the concept of "bias" can perfectly serve a technosolutionist discourse.

Keywords: bias, artificial intelligence, ethics, critical data studies, technosolutionism.

Franck DAMOUR, « L'utopie extropienne, milieu de culture de la blockchain »

Le Bitcoin est la première cryptomonnaie lancée en 2008 comme première mise en œuvre d'un dispositif blockchain. Si le ou les créateurs du Bitcoin ne sont pas connus, il est possible d'étudier le creuset dans lequel il a été élaboré au cours d'un processus étalé sur une vingtaine d'années. Dans ce creuset, le mouvement Extropy tient un rôle central. Il est aussi porteur de plusieurs autres utopies technologiques sensées annoncer et préparer un dépassement de la temporalité politique humaine.

Mots-clés : Bitcoin, blockchain, cryptographie, cryptomonnaie, transhumanisme, utopie, techno-utopie.

Franck DAMOUR, "*The extropianist utopia, a growth medium for blockchain*"

Bitcoin was the first cryptocurrency launched in 2008 as the first implementation of a blockchain device. While the creator(s) of Bitcoin are not known, it is possible to study the crucible in which it was developed in a process spanning some 20 years. In this crucible, the Extropy movement plays a central role. It is also the bearer of several other technological utopias that are supposed to announce and prepare a surpassing of the human political temporality.

Keywords: Bitcoin, blockchain, cryptography, cryptocurrency, transhumanism, utopia, techno-utopia.

Grégoire BEN-AÏSSA, Thomas BERNS, Tyler REIGELUTH, « Le traitement automatisé des injures »

Cet article propose une description et une analyse des activités automatisées de régulation, sélection et modération des contenus sur les plateformes, en partant de l'exemple de Facebook et du cas des discours de haine. De telles plateformes doivent-elles être considérées comme des « institutions discursives » ? Développent-elles les moyens pour réaliser cet objectif ? Nous montrons que c'est l'épreuve et le témoignage du caractère fragile et incertain de toute citation qui pourrait s'estomper.

Mots-clés : algorithmes, Austin, Butler, Derrida, discours de haine, Facebook, Injure, insulte, Intelligence Artificielle, itérabilité, normativité, performativité, plateformes, régulation, réseaux sociaux.

Grégoire BEN-AÏSSA, Thomas BERNS, Tyler REIGELUTH, "*Automated moderation of hate speech*"

This article proposes a description and an analysis of the automated activities of regulation, selection and moderation of contents on platforms, starting from the example of Facebook and the case of hate speech. Should such platforms be considered as "discursive institutions"? Do they develop the means to achieve this goal? We show that it is the test and testimony of the fragile and uncertain character of any quotation that could fade away.

Keywords: algorithms, Artificial intelligence, Austin, Butler, Derrida, Facebook, hate speech, insult, iterability, normativity, performativity, platforms, regulation, social networks.

Luiz EVA, « Scepticisme moral et paradoxe. Guy de Bruès contre les "Nouveaux Académiciens" »

Le scepticisme de la Nouvelle Académie présenté dans les *Dialogues de Guy de Bruès* (1555) s'identifie avec une position amorale ou trop radicale pour être systématiquement réfuté. Confronté à ses sources, l'ouvrage de Bruès révèle cependant une image plus précise, quoique cachée, de cette philosophie. Je soutiens que cet apparent paradoxe se résoudra dès qu'on replacera l'ouvrage dans le contexte littéraire de la *declamatio* et du dialogue philosophique de la Renaissance.

Mots-clés : Guy de Bruès, scepticisme, morale, Nouvelle Académie, Montaigne, réforme.

Luiz EVA, *"Moral scepticism and paradox. Guy de Bruès against the 'New Academics'"*

The skepticism of the New Academy, *as presented by the* Dialogues of Guy de Bruès *(1555), is identified with a position that is amoral or too radical to be systematically refuted. Confronted with its sources, however, this work reveals a more precise image of this philosophy, although in a hidden way. I argue that this apparent paradox will be resolved once the work is placed in the literary context of Renaissance* declamatio *and philosophical dialogue.*

Keywords: Guy de Bruès, skepticism, morals, New Academy, Montaigne, reformation.

« Éthique, politique, religions » est une revue biannuelle, gérée par l'Institut de recherches philosophiques de Lyon (IRPhiL, Université Lyon 3). Elle est centrée sur l'étude philosophique des sociétés contemporaines et de leur généalogie. Elle comprend des cahiers thématiques, des éditions ou traductions de textes de référence, des varias et des recensions d'ouvrages, français ou étrangers. Les articles peuvent être publiés en français ou en anglais. Tous les textes sont soumis à une double expertise en double aveugle, réalisée par les membres des trois comités de la revue, ou, dans certains cas, par des experts extérieurs.

Les propositions d'articles sont à envoyer à

IRPhiL
18, rue Chevreul
69007 Lyon

ou par mail à lila.adrar@univ-lyon3.fr

La revue *Éthique, politique, religions* est publiée, en version papier et en version électronique, aux éditions Classiques Garnier.

IMPRIM'VERT®

Achevé d'imprimer par Corlet,
Condé-en-Normandie (Calvados),
en Juin 2023
N° d'impression : 181351 - dépôt légal : Juin 2023
Imprimé en France